Dorchain / Dorchain (Eds.)

—

Les Cent-et-un meilleurs poèmes de la langue française

LES CENT-ET-UN MEILLEURS POÈMES DE LA LANGUE FRANÇAISE

Marc Dorchain & Claudia Simone Dorchain
(Editeurs)

Bibliografische Information der Deutschen Nationalbibliothek

Die Deutsche Nationalbibliothek verzeichnet diese Publikation in der Deutschen Nationalbibliografie; detaillierte bibliografische Daten sind im Internet über http://dnb.dnb.de abrufbar.

Bibliographic information published by the Deutsche Nationalbibliothek

The Deutsche Nationalbibliothek lists this publication in the Deutsche Nationalbibliografie; detailed bibliographic data are available on the Internet at http://dnb.dnb.de .

Information bibliographique de la Deutsche Nationalbibliothek

La Deutsche Nationalbibliothek a répertorié cette publication dans la Deutsche Nationalbibliografie; les données bibliographiques détaillées peuvent être consultées sur Internet à l'adresse http://dnb.dnb.de .

TWENTYSIX – Der Self-Publishing-Verlag
Eine Kooperation zwischen der Verlagsgruppe Random House und Books on Demand

© 2016 Dorchain, Marc (Hrsg.) / Dorchain, Claudia Simone (Hrsg.)
Herstellung und Verlag: BoD – Books on Demand, Norderstedt.
ISBN: 9783740705732

Sommaire

Avant-Propos **15**

1400-1500 .... **21**

Alain CHARTIER (1385-1433)

    Près de ma dame et loing de mon vouloir 21

Charles d'ORLÉANS (1394-1465)

    Ce premier jour du mois de may 22

François VILLON (1431-vers 1463)

    Ballade des Dames du temps jadis 23

    Mort, j'appelle de ta rigueur 24

Gilles des ORMES (1438-1500)

    En la forest de Longue Attente 25

Germain-Colin BUCHER (1475-1545)

    A la plus belle de mes yeux, Gilon 26

Jean DANIEL (1490-1531)

    Noël 27

1500-1600 .... **29**

Marguerite de NAVARRE (1492-1549)

    Cantique spirituel 29

Le temps est bref et ma volonté grande 31

J'aime une amie entièrement parfaite 32

Roi FRANÇOIS 1er (1494-1547)

Malgré moi vis, et en vivant je meurs 32

Plus j'ai de bien, plus ma douleur augmente 33

Bonaventure DES PÉRIERS (vers 1510-1544)

Sonnet 34

Pernette du GUILLET (1520-1545)

Aucuns ont dit la Théorique 35

Pontus de TYARD (1521-1605)

O calme nuit, qui doucement compose 35

Joachim DU BELLAY (1522-1560)

J'aime la liberté, et languis en service 36

Muse, qui autrefois chantas la verte Olive 37

Ô qu'heureux est celui qui peut passer son âge 38

Louise LABÉ (1524-1566)

Chanson I 38

Pierre de RONSARD (1524-1585)

Je veux mourir pour tes beautés, Maîtresse 39

Dans le serein de sa jumelle flamme 40

L'an se rajeunissait en sa verte jouvence 41

Rémy BELLEAU (1528-1577)

    Avril 42

    Douce et belle bouchelette 45

Jean de LA PERUSE (1529-1554)

    Aux Muses 45

Olivier de MAGNY (1530-1561)

    Tandis que je me plains, ... .46

    Bienheureux est celuy, ... .47

Clovis Hesteau de NUYSEMENT (vers 1550-vers 1623)

    Quand le grand oeil du Ciel tournoyant l'horizon 48

Anne d' URFÉ (1555-1621)

    Sonnet 49

François de MALHERBE (1555-1628)

    Beauté de qui la grâce ... .50

    Il n'est rien de si beau 50

Jean GODARD (1564-1630)

    Amour, si de tout temps tu m'as trouvé fidèle 51

    Mère des Dieux, brune chasse-lumière 52

François MAYNARD (1582-1646)

    La belle vieille...53

1600-1700 57

Jacques Vallée DES BARREAUX (1599-1673)

    La Raison fait le malheur de l'homme 57

    La vie est un songe 58

Marin Le Roy de GOMBERVILLE (1600-1674)

    Effroyables deserts, pleins d'ombre, et de silence 59

Pierre CORNEILLE (1606-1684)

    Chanson 60

Madeleine de SCUDÉRY (1607-1701)

    Impromptu 61

Jean de LA FONTAINE (1621-1695)

    Le Corbeau et le Renard 61

    Le Cygne et le Cuisinier 62

    Le Lion abattu par l'homme 63

Jean-Baptiste Poquelin, dit MOLIÈRE (1622-1673)

    Stances galantes 64

Laurent DRELINCOURT (1626-1680)

    Sur les pierres précieuses 65

Claude-Emmanuel Lhuillier, dit CHAPELLE (1626-1686)

    A Ninon 66

Jean RACINE (1639-1699)

    Sur le bonheur des Justes... 67

Antoine de HAMILTON (1646-1720)

    Chanson.. 69

1700-1800 ....**71**

François Marie Arouet, dit VOLTAIRE (1694-1778)

    A Mademoiselle de Guise 71

    A Mme du Châtelet 71

Cardinal de BERNIS (1715-1794)

    Sur l'amour de la patrie 73

Joseph QUESNEL (1746-1809)

    Stances sur mon jardin de Boucherville 77

André CHÉNIER (1762-1794)

    J'étais un faible enfant qu'elle était grande et belle 79

Adélaïde DUFRÉNOY (1765-1825)

    Sur la mort de Florian 80

Louis Antoine de SAINT-JUST (1767-1794)

    Homme est un mot... 81

Constance de THÉIS (1767-1845)

    Epître aux femmes 82

François-René de CHATEAUBRIAND (1768-1848)

    Nous verrons 84

1800-1900 .... **87**

  Marceline DESBORDES-VALMORE (1786-1859)

    Les séparés 87

    Loin du monde 88

  Alphonse de LAMARTINE (1790-1869)

    Chant d'amour (VI) 89

  Casimir DELAVIGNE (1793-1843)

    Trois jours de Christophe Colomb 90

  Alfred de VIGNY (1797-1863)

    L'esprit parisien 92

  Victor HUGO (1802-1885)

    Depuis six mille ans la guerre 93

    Mes deux filles 96

  George SAND (1804-1876)

    Chatterton 96

  Jules BARBEY D'AUREVILLY (1807-1889)

    Les nénuphars 97

Gérard de NERVAL (1808-1855)

    Artémis 98

    Myrtho 99

    El Desdichado 100

Alfred de MUSSET (1810-1857)

    Que j'aime le premier frisson d'hiver… 100

    Dans dix ans d'ici seulement 101

Théophile GAUTIER (1811-1872)

    A deux beaux yeux 102

Louise ACKERMANN (1813-1890)

    L'amour et la mort 103

Charles-Marie LECONTE DE LISLE (1818-1894)

    Aux modernes 109

    Le frais matin dorait 110

Charles BAUDELAIRE (1821-1867)

    L'horloge 111

    Obsession 112

    A celle qui est trop gaie 112

Louis MÉNARD (1822-1901)

    La sirène 114

Théodore de BANVILLE (1823-1891)

    Ariane 115

Jules VERNE (1828-1905)

    Le génie 116

Stéphane MALLARMÉ (1842-1898)

    Le sonneur 117

José-Maria de HEREDIA (1842-1905)

    Fleurs de feu 118

Anatole FRANCE (1844-1924)

    Les arbres..119

Paul VERLAINE (1844-1896)

    Que ton âme soit blanche ou noire.......................120

Joris-Karl HUYSMANS (1848-1907)

    Rococo japonais 121

Guy de MAUPASSANT (1850-1893)

    Nuit de neige..122

Arthur RIMBAUD (1854-1891)

    Le bateau ivre 123

Auguste DORCHAIN (1857-1930)

    Les étoiles éteintes..128

Edmond ROSTAND (1868-1918)

    Hymne au soleil 128

1900-2000 .... **131**

Pierre LOUŸS (1870-1925)

    Et je m'étais fait une vie 131

    Funérailles 132

Marcel PROUST (1871-1922)

    Je contemple souvent le ciel de ma mémoire 133

Paul VALÉRY (1871-1945)

    Les pas 135

Charles PÉGUY (1873-1914)

    Ève 136

Anna de NOAILLES (1876-1933)

    Le baiser 137

    Vous êtes mort un soir 138

Guillaume APOLLINAIRE (1880-1918)

    L'Adieu du cavalier 138

    Alcools 139

Blaise CENDRARS (1887-1961)

    Tu es plus belle que le ciel et la mer 140

    Couchers de soleil 141

Jules SUPERVIELLE (1884-1960)

    Gravitations 142

Jean COCTEAU (1889-1963)

    Ne réveillez pas Dieu 143

Paul ÉLUARD (1895-1952)

    Le Musée Grévin 143

    L'Amour, la poésie 144

Pierre EMMANUEL (1916-1984)

    Èvangéliaire 145

Postface **146**

Auguste Dorchain (1857-1930), poète

Peintre: Paul Chabas (1869-1937)

Photo © RMN-Grand Palais (Château de Versailles) / Gérard Blot

Avant-Propos

À notre époque, nous avons une attitude bien critique envers les traditions que nous entourons d'un halo de suspicion.

Nous, contemporains, avons tendance à rejeter le fardeau familial même si, dans notre liberté toute puissante, nous sommes bien obligés de constater que les générations nous ayant précédés ont légué des choses belles et fort intéressantes dans le domaine de l'art.

Nous sommes libres de poursuivre une tradition ancienne et précieuse, avec nos ancêtres, des prédécesseurs ambitieux envers le crayon, le pinceau ou la plume. Même si, à travers les générations, les techniques artistiques et le rôle de l'artiste ont bien évolué.

« Les Cent-et-un meilleurs poemes de la langue française » de Marc Dorchain est une réédition contemporaine d'une œuvre de son grand-oncle Auguste Dorchain, datant de 1905 et intitulé «Les Cent meilleurs poèmes de la langue française. »

Mais cette réédition n'est pas seulement une réimpression du livre à succès international d'Auguste Dorchain ; c'est un livre d'art indépendant, unique dans son contenu, ses perspectives et sa présentation.

En 1905, quand Auguste Dorchain, poète et éditeur, publiait « LES CENT MEILLEURS POEMES DE LA LANGUE FRANÇAISE », devenu un succès international jusqu'à ce jour, la lecture des poèmes anciens était plus à la portée d'un chercheur spécialisé, habitué des bibliothèques ou des archives anciennes que du grand public.

Aujourd'hui, Marc Dorchain, informaticien (appliquées à la gestion d'entreprise) de métier, est bien placé pour savoir à quel point l'internet a révolutionné la recherche d'informations : les réseaux numériques mettent à disposition une masse de renseignements dont nos ancêtres pouvaient seulement rêver. Les données les plus pertinentes ne sont plus seulement accessibles à quelques savants, elles sont maintenant à la portée de tout citoyen lambda, aussi bien à l'élève de l'école primaire qu'à la grand-mère internaute.

La cyber-intelligence règne dans notre quotidien et les cyber-sources font souvent ressurgir les poèmes les plus connus. Parfois, des extraits figurant dans des bibliothèques anciennes auxquelles avaient accès uniquement des spécialistes, sont mis en avant.

Choisissant les 101 poèmes de la langue française qui lui semblent être les plus dignes d'être transmis aux contemporains, Marc n'a pas la prétention de proposer une « histoire complète » de la poésie française mais plutôt un recueil de ses extraits précieux.

Parcourant le Moyen Âge chevaleresque jusqu'aux jours troubles du XXe siècle, il a trouvé, avec l'aide de sa femme Claudia Simone (philosophe et auteur de dessins floraux faisant allusion à la tradition artistique des « Flower Books »), des poèmes qui l'ont impressionné par la beauté de la langue et leur contenu. Comme des bijoux rares et opalescents, ces vers brillent toujours, créés par des auteurs qui ont tous excellé dans la maîtrise de la langue française.

Marc Dorchain, Claudia Simone Dorchain

1400-1500

Alain CHARTIER   (1385-1433)

Près de ma dame et loing de mon vouloir

Près de ma dame et loing de mon vouloir,
Plain de desir et crainte tout ensemble,
Le cueur me fault et le parler me tremble,
Quant dire doy ce que me fault vouloir.

Je dis : Belle, vous me faites douloir,
Mais au besoing crainte mon propos m'emble*
Pres de ma dame et loing de mon vouloir.

Or ay je mis toutes a nonchaloir
Pour une seule a qui tout bien s'assemble.
Oseray je me desbucher du tremble,
Pour requerir ce qui me pretes valoir
Pres de ma dame et loing de mon vouloir ?

(*) me ravit

Charles d'ORLÉANS (1394-1465)

Ce premier jour du mois de may

Ce premier jour du mois de may,
Quant de mon lit hors me levay
Environ vers la matinee,
Dedans mon jardin de pensee
Avecques mon cueur seul entray.

Dieu scet s'entrepris fu d'esmay* !
Car en pleurant tout regarday
Destruit d'ennuyeuse gelee,
Ce premier jour du mois de may,
Quant de mon lit hors me levay.

En gast** fleurs et arbres trouvay ;
Lors au jardinier demanday
Se Desplaisance maleuree
Par tempeste, vent ou nuee
Avoit fait tel piteux array***,
Ce premier jour du mois de may.

(*) crainte
(**) ravagés
(***) arrangement

François VILLON   (1431-vers 1463)

Ballade des Dames du temps jadis

Dites-moi où, n'en quel pays,
Est Flora la belle Romaine,
Archipiades, ne Thaïs,
Qui fut sa cousine germaine,
Echo, parlant quant bruit on mène
Dessus rivière ou sur étang,
Qui beauté eut trop plus qu'humaine ?
Mais où sont les neiges d'antan ?

Où est la très sage Héloïs,
Pour qui fut châtré et puis moine
Pierre Esbaillart à Saint-Denis ?
Pour son amour eut cette essoine.
Semblablement, où est la roine
Qui commanda que Buridan
Fût jeté en un sac en Seine ?
Mais où sont les neiges d'antan ?

La roine Blanche comme un lis
Qui chantait à voix de sirène,
Berthe au grand pied, Bietrix, Aliz,
Haramburgis qui tint le Maine,
Et Jeanne, la bonne Lorraine
Qu'Anglais brûlèrent à Rouen ;
Où sont-ils, où, Vierge souvraine ?

Mais où sont les neiges d'antan ?

Prince, n'enquerrez de semaine
Où elles sont, ni de cet an,
Que ce refrain ne vous remaine :
Mais où sont les neiges d'antan ?

Mort, j'appelle de ta rigueur

Mort, j'appelle de ta rigueur,
Qui m'as ma maîtresse ravie,
Et n'es pas encore assouvie
Si tu ne me tiens en langueur :

Onc puis n'eus force ni vigueur ;
Mais que te nuisoit-elle en vie,
Mort ?

Deux étions et n'avions qu'un coeur ;
S'il est mort, force est que dévie,
Voire, ou que je vive sans vie
Comme les images, par coeur,
Mort !

Gilles des ORMES   *(1438-1500)*

En la forest de Longue Attente

En la forest de Longue Attente
Mon povre cuer tant se garmente
D'en saillir par aucune voye
Qu'il ne lui semble pas qu'il voye
Jamais la fin de son entente.

Desconfort le tient en sa tente
Qui par telle façon le tente
Que j'ay paour qu'il ne se forvoye
En la forest de Longue Attente.

Espoir en riens ne le contente
Comme il souloit, pour quoy dolente
Sera ma vie, ou que je soye,
Et si auray, en lieu de joye,
Dueil et Soussy tousjours de rente
En la forest de Longue Attente.

Germain-Colin BUCHER (1475-1545)

A la plus belle de mes yeux, Gilon

Devant les dieux de clémence et concorde
Et devant toi, fille non comparable,
De qui mon âme attend miséricorde,
Je fais un voeu solennel et durable.
Que la grand' grâce en ton corps admirable
Ne me fait point poursuivre ta merci,
Non ta beauté sur Hélène exemplable,
Non ta maison, non ta richesse aussi ;
Mais tes vertus sans plus me font transi
Et telle amour en mon coeur ont éprise
Que je n'ai rien, fors toi seule en souci ;
Seule tu es que j'honore, aime et prise.
Aime-moi donc : point n'en seras reprise,
Car mon amour vient de bon jugement
Qui conduira l'amoureuse entreprise
Par les secrets de doux allégement.

Jean DANIEL   (1490-1531)

Noël

Gentils pasteurs, qui veillez en la prée,
Abandonnez tout amour terrien,
Jésus est né et vous craignez de rien,
Chantez Noël de jour et de vesprée.
Noël !

Laissez agneaux repaître en la contrée,
Gloire est aux cieux pour l'amour de ce bien
Qui porte paix, amour et entretien ;
Allez le voir, c'est bonne rencontrée.
Noël !

Or est ému tout le pays de Judée,
Pasteurs y vont, ne demandez combien,
Portant présents et de va et de vient ;
Sans celer rien leur bourse fut vidée.
Noël !

La toison d'or qui est emprisonnée
Sera dehors de ce cruel détien
Car Jésus est trop plus nôtre que sien :
Pour la tirer la chose est jà sonnée.
Noël !

Aurora vient que la nuit est finée,

Honnêtement et de très bon maintien
Rompu sera le fier et âpre chien
Portier d'enfer ; sa cause est assignée.
Noël !

Prions Jésus qu'à la sainte journée
Ayons de lui tout appui et soutien.
Vierge Marie, il est nôtre, il est tien,
Compose o lui, que paix nous soit donnée.
Noël !

1500-1600

Marguerite de NAVARRE   (1492-1549)

Cantique spirituel

Je n'ai plus ni père, ni mère,
Ni soeur, ni frère
Sinon Dieu seul auquel j'espère,
Qui sur le ciel et terre impère ;
Là-haut, là-bas,
Tout par compas ;
Compère, commère,
Voici vie prospère.

Je suis amoureux non en ville,
Ni en maison, ni en château,
Ce n'est de femme ni de fille
Mais du seul bon, puissant et beau :
C'est mon Sauveur
Qui est vainqueur
De péché, mal, peine et douleur ;
Et a ravi à soi mon coeur.
Je n'ai plus, etc.

J'ai mis du tout en oubliance

Le monde et parents et amis,
Biens et honneurs en abondance,
Et les tiens pour mes ennemis.
Fi de tels biens,
Dont les liens
Par Jésus-Christ sont mis à rien,
A fin que nous soyons des siens.
Je n'ai plus, etc.

Je parle, je ris et je chante
Sans avoir souci ni tourment,
Amis et ennemis je hante,
Trouvant partout contentement :
Car par la Foi
En tous je voi
Leur vie, qui est, je le croi,
Tout en Tout, mon Dieu et mon Roi.
Je n'ai plus, etc.

Or puis donc que Dieu est leur vie,
Et que je le crois Tout en tous,
Il est mon ami et m'amie,
Père, Mère, Frère et Époux ;
C'est mon espoir
Mon sûr savoir ;
Mon Être, ma force, pouvoir,
Qui m'a sauvé par son vouloir.
Je n'ai plus, etc.

Las ! que faut-il plus à mon âme
Qui est tirée en si bon lieu,

Sinon se laisser en la flamme
Brûler de cette amour de Dieu ?
Et en brûlant,
Le consolant
D'amour, qui rend le coeur volant,
Et sans fin la bouche parlant,
Je n'ai plus, etc.

Amis contemplez quelle joie
J'ai, étant délivre de moi,
Et remis en la sûre voie
Hors des ténèbres de la Loi.
Ce réconfort
Est si très fort,
Que rien plus ne désire, au fort
Qu'être uni à lui par ma Mort.
Je n'ai plus, etc.

Le temps est bref et ma volonté grande

Le temps est bref et ma volonté grande,
Qui ne me veut permettre le penser ;
Ma passion me contraint et commande,
Selon le temps, le parler compenser.
Jusques ici j'ai craint de m'avancer,
En attendant un temps de long loisir,
Mais il n'est pas en moi de le choisir ;
Par quoi du peu faut que mon profit fasse :
En peu de mots vous dirai mon désir,
C'est que je n'ai volonté ni plaisir
Que d'être sûr de votre bonne grâce.

J'aime une amie entièrement parfaite

J'aime une amie entièrement parfaite,
Tant que j'en sens satisfait mon désir.
Nature l'a, quant à la beauté, faite
Pour à tout oeil donner parfait plaisir ;
Grâce y a fait son chef d'oeuvre à loisir,
Et les vertus y ont mis leur pouvoir,
Tant que l'ouïr, la hanter et la voir
Sont soeurs témoins de sa perfection :
Un mal y a, c'est qu'elle peut avoir
En corps parfait coeur sans affection.

Roi FRANÇOIS 1er   (1494-1547)

Malgré moi vis, et en vivant je meurs

Malgré moi vis, et en vivant je meurs ;
De jour en jour s'augmentent mes douleurs,
Tant qu'en mourant trop longue m'est la vie.
Le mourir crains et le mourir m'est vie :
Ainsi repose en peines et douleurs !

Fortune m'est trop douce en ses rigueurs,
Et rigoureuse en ses feintes douceurs,
En se montrant gracieuse ennemie
Malgré moi.

Je suis heureux au fond de mes malheurs,
Et malheureux au plus grand de mes heurs ;
Être ne peut ma pensée assouvie,
Fors qu'à rebours de ce que j'ai envie :
Faisant plaisir de larmes et de pleurs
Malgré moi.

Plus j'ai de bien, plus ma douleur augmente

Plus j'ai de bien, plus ma douleur augmente ;
Plus j'ai d'honneur et moins je me contente ;
Car un reçu m'en fait cent désirer.
Quand riens je n'ai, de riens ne me lamente,
Mais ayant tout, la crainte me tourmente,
Ou de le perdre ou bien de l'empirer.
Las ! je dois bien mon malheur soupirer,
Vu que d'avoir un bien je meurs d'envie,
Qui est ma mort, et je l'estime vie.

Bonaventure DES PÉRIERS   (vers 1510-1544)

Sonnet

Au lecteur des 'Nouvelles récréations et joyeux devis'.

Hommes pensifs, je ne vous donne à lire
Ces miens devis, si vous ne contraignez
Le front maintien de vos fronts rechignés ;
Ici n'y a seulement que pour rire.

Laissez à part votre chagrin, votre ire,
Et vos discours de trop loin désignés.
Une autre fois vous serez enseignés ;
Je me suis bien contraint pour les écrire.

J'ai oublié mes tristes passions,
J'ai intermis* mes occupations,
Donnons, donnons quelque lieu à folie.

Que maugré nous ne nous vienne saisir,
Et en un jour plein de mélancolie,
Mêlons au moins une heure de plaisir.

Pernette du GUILLET   (1520-1545)

Aucuns ont dit la Théorique

Rymes XLVI

Aucuns ont dit la Théorique
Être devant que la Pratique :
Ce que bien nier on pouvait.

Car qui fit l'art, jà la savait,
Qui est un point qu'un Sophistique
Concéderait tout en dormant :

Quant à moi je dis, pour réplique,
Qu'Amour fut premier, que l'Amant.

Pontus de TYARD   (1521-1605)

O calme nuit, qui doucement compose ...

O calme nuit, qui doucement compose
En ma faveur l'ombre mieux animee
Qu'onque Morphee en sa sale enfumee
Peingnit du rien de ses Metamorphoses !

Combien heureus les oeillets et les roses
Ceingnoient le bras de mon ame espamee,
Affriandant une langue affamee
Du Paradis de deus levres descloses !

Lorsque Phebus, laissant sa molle couche,
Se vint moquer de mes bras, de ma bouche
Et de sa seur, la lumiere fourchue !

Ah ! que boiteux, d'une poussive haleine
Soient ses chevaus, et ne cueille sa peine
Qu'un fruit amer de la vierge branchue.

Joachim DU BELLAY (1522-1560)

J'aime la liberté, et languis en service

J'aime la liberté, et languis en service,
Je n'aime point la cour, et me faut courtiser,
Je n'aime la feintise, et me faut déguiser,
J'aime simplicité, et n'apprends que malice ;

Je n'adore les biens, et sers à l'avarice,
Je n'aime les honneurs, et me les faut priser,
Je veux garder ma foi, et me la faut briser,
Je cherche la vertu, et ne trouve que vice !

Je cherche le repos, et trouver ne le puis,
J'embrasse le plaisir, et n'éprouve qu'ennuis,
Je n'aime à discourir, en raison je me fonde :

J'ai le corps maladif, et me faut voyager,
Je suis né pour la Muse, on me fait ménager ;
Ne suis-je pas, Morel, le plus chétif du monde ?

Muse, qui autrefois chantas la verte Olive

Muse, qui autrefois chantas la verte Olive,
Empenne tes deux flancs d'une plume nouvelle,
Et te guidant au ciel avecques plus haute aile,
Vole où est d'Apollon la belle plante vive.

Laisse, mon cher souci, la paternelle rive,
Et portant dsormais une charge plus belle,
Adore ce haut nom dont la gloire immortelle
De notre pôle arctique à l'autre pôle arrive.

Loue l'esprit divin, le courage indomptable,
La courtoise douceur, la bonté charitable,
Qui soutient la grandeur et la gloire de France.

Et dis : Cette princesse et si grande et si bonne
Porte dessus son chef de France la couronne :
Mais dis cela si haut, qu'on l'entende à Florence.

Ô qu'heureux est celui qui peut passer son âge

Ô qu'heureux est celui qui peut passer son âge
Entre pareils à soi! et qui sans fiction,
Sans crainte, sans envie et sans ambition,
Règne paisiblement en son pauvre ménage !

Le misérable soin d'acquérir davantage
Ne tyrannise point sa libre affection,
Et son plus grand désir, désir sans passion,
Ne s'étend plus avant que son propre héritage.

Il ne s'empêche point des affaires d'autrui,
Son principal espoir ne dépend que de lui,
Il est sa cour, son roi, sa faveur et son maître.

Il ne mange son bien en pays étranger,
Il ne met pour autrui sa personne en danger,
Et plus riche qu'il est ne voudrait jamais être.

Louise LABÉ (1524-1566)

Chanson I

Ulysse lui-même ou tout autre
Plus avisé encore, de ces divines apparences,
Pleines de grâce, d'honneur et de réserves,

N'aurait rien espéré, comme moi, qui n'en retire que
malheur et affliction.

Mais toi, Amour, par le moyen de ces beaux yeux,
Tu as fait une telle plaie en mon coeur innocent,
Autrefois ton refuge, qui te donnais chaleur et aliment,
Qu'il n'y a de remède possible, si tu ne le donnes toi-
même.

Oh dur destin, qui me fait être comme
Le dard d'un scorpion, et chercher protection
Contre le venin de ce même animal.

Je ne te demande que d'anéantir cette souffrance,
Mais pas d'éteindre mon si cher désir,
Qui ne pourrait disparaître sans que je me meure.

Pierre de RONSARD (1524-1585)

Je veux mourir pour tes beautés, Maîtresse

Je veux mourir pour tes beautés, Maîtresse,
Pour ce bel oeil, qui me prit à son hain,
Pour ce doux ris, pour ce baiser tout plein
D'ambre et de musc, baiser d'une Déesse.

Je veux mourir pour cette blonde tresse,

Pour l'embonpoint de ce trop chaste sein,
Pour la rigueur de cette douce main,
Qui tout d'un coup me guérit et me blesse.

Je veux mourir pour le brun de ce teint,
Pour cette voix, dont le beau chant m'étreint
Si fort le coeur que seul il en dispose.

Je veux mourir ès amoureux combats,
Soûlant l'amour, qu'au sang je porte enclose,
Toute une nuit au milieu de tes, bras.

Dans le serein de sa jumelle flamme

Dans le serein de sa jumelle flamme
Je vis Amour, qui son arc débandait,
Et sur mon coeur le brandon épandait,
Qui des plus froids les moelles enflamme.

Puis çà puis là près les yeux de ma dame
Entre cent fleurs un rets d'or me tendait,
Qui tout crépu blondement descendait
A flots ondés pour enlacer mon âme.

Qu'eussé-je fait ? l'Archer était si doux,
Si doux son feu, si doux l'or de ses noeuds,
Qu'en leurs filets encore je m'oublie :

Mais cet oubli ne me tourmente point,

Tant doucement le doux Archer me point,
Le feu me brûle, et l'or crêpe me lie.

L'an se rajeunissait en sa verte jouvence

L'an se rajeunissait en sa verte jouvence
Quand je m'épris de vous, ma Sinope cruelle ;
Seize ans étaient la fleur de votre âge nouvelle,
Et votre teint sentait encore son enfance.

Vous aviez d'une infante encor la contenance,
La parole, et les pas ; votre bouche était belle,
Votre front et vos mains dignes d'une Imrnortelle,
Et votre oeil, qui me fait trépasser quand j'y pense.

Amour, qui ce jour-là si grandes beautés vit,
Dans un marbre, en mon coeur d'un trait les écrivit ;
Et si pour le jourd'hui vos beautés si parfaites

Ne sont comme autrefois, je n'en suis moins ravi,
Car je n'ai pas égard à cela que vous êtes,
Mais au doux souvenir des beautés que je vis.

Rémy BELLEAU   (1528-1577)

Avril

Avril, l'honneur et des bois
Et des mois,
Avril, la douce esperance
Des fruits qui soubs le coton
Du bouton
Nourrissent leur jeune enfance ;

Avril, l'honneur des prez verds,
Jaune, pers,
Qui d'une humeur bigarrée
Emaillent de mille fleurs
De couleurs
Leur parure diaprée ;

Avril, l'honneur des souspirs
Des zephyrs,
Qui, soubs le vent de leur aelle,
Dressent encore es forests
Des doux rets
Pour ravir Flore la belle ;

Avril, c'est ta douce main
Qui du sein
De la nature desserre
Une moisson de senteurs

Et de fleurs,
Embasmant l'aer et la terre.

Avril, l'honneur verdissant,
Florissant
Sur les tresses blondelettes
De ma dame, et de son sein
Tousjours plein
De mille et mille fleurettes ;

Avril, la grace et le ris
De Cypris,
Le flair et la douce haleine ;
Avril, le parfum des dieux
Qui des cieux
Sentent l'odeur de la plaine.

C'est toy courtois et gentil
Qui d'exil
Retire ces passageres,
Ces arondelles qui vont
Et qui sont
Du printemps les messageres.

L'aubespine et l'aiglantin,
Et le thin,
L'oeillet, le lis et les roses,
En ceste belle saison,
A foison,
Monstrent leurs robes écloses.

Le gentil rossignolet,
Doucelet,
Decoupe dessoubs l'ombrage
Mille fredons babillars,
Fretillars
Au doux chant de son ramage.

C'est à ton heureux retour
Que l'amour
Souffle à doucettes haleines
Un feu croupi et couvert
Que l'hyver
Receloit dedans nos veines.

Tu vois en ce temps nouveau
L'essaim beau
De ces pillardes avettes
Volleter de fleur en fleur
Pour l'odeur
Qu'ils mussent en leurs cuissettes.

May vantera ses fraischeurs,
Ses fruicts meurs
Et sa feconde rosée,
La manne et le sucre doux,
Le miel roux,
Dont sa grace est arrosée.

Mais moy je donne ma voix
A ce mois,
Qui prend le surnom de celle

Qui de l'escumeuse mer
Veit germer
Sa naissance maternelle.

Douce et belle bouchelette

Ainsi, ma douce guerrière
Mon coeur, mon tout, ma lumière,
Vivons ensemble, vivons
Et suivons

Les doux sentiers de la jeunesse :
Aussi bien une vieillesse
Nous menace sur le port,
Qui, toute courbe et tremblante,
Nous entraîne chancelante
La maladie et la mort.

Jean de LA PERUSE (1529-1554)

Aux Muses

A Dieu vous dy, Muses Aoniennes,
Vos musemens m'ont par trop arresté.
Vos beaux guerdons sont-ce pas pauvreté,

Langueur, soucy, ennuys, travaux et peines 7

Et puis vantez vos eaux Pegasiennes !
Puis promettez une immortalité !
A Dieu, à Dieu : je n'ay que trop esté
Repeu du vent de vos promesses vaines.

Las ! qu'ay je dit? ô Muses, revenez,
Et avecq'moy, s'il vous plaist, vous tenez,
Car desormais vous seules je veux suivre :

Sçachant très-bien qu'au monde tout perit,
Fors seulement les seuls biens de l'esprit,
Que l'homme mort après la mort faict vivre.

Olivier de MAGNY (1530-1561)

Tandis que je me plains, ...

Tandis que je me plains, à l'ombre de ces bois,
De celle qui detient ma franchise egarée,
J'entens le rossignol se plaignant de Terée,
Qui son ramage accorde aux accens de ma voix.
Tous deux diversement nous plaignons toutesfois :
Luy, de vengence ayant toute l'ame alterée,
Moy, au contraire ayant la mienne enamourée
D'une pour qui cent morts en vivant je reçois.

Bien est vrai qu'en trois mois sa complainte s'acheve,
Mais la mienne jamais ne prend ne fin ne tresve,
Ainçois dure tout l'an constante en mes travaulx
Puis donc que mon tourment à nul autre s'egalle,
Finissé-je mes jours, pour finir tant de maulx,
Chantant jusqu'à la mort comme fait la cigalle.

Bienheureux est celuy, ...

Bienheureux est celuy, qui loing de la cité
Vit librement aux champs dans son propre heritage,
Et qui conduyt en paix le train de son mesnage,
Sans rechercher plus loing autre felicité.
Il ne sçait que veult dire avoir necessité,
Et n'a point d'autre soing que de son labourage,
Et si sa maison n'est pleine de grand ouvrage,
Aussi n'est-il grevé de grand' adversité.
Ores il ante un arbre, et ores il marye
Les vignes aux ormeaux, et ore en la prairie
Il desbonde un ruisseau pour l'herbe en arouzer :
Puis au soir il retourne, et souppe à la chandelle
Avecques ses enfans et sa femme fidelle,
Puis se chaufe ou devise et s'en va reposer.

Clovis Hesteau de NUYSEMENT (vers 1550- vers 1623)

Quand le grand oeil du Ciel tournoyant l'horizon

Quand le grand oeil du Ciel tournoyant l'horizon
Se darde au Capricorne, où sa chaleur passée
Se retirant de nous rend la terre glacée,
Et nous fait ressentir l'hivernale saison,

L'air lui voyant ravir l'amoureuse toison
De mille et mille fleurs dont elle est tapissée,
En pleure, et tout dépit d'une humeur amassée,
Voile son chef doré d'un autre chef grison.

Si donc l'air et le ciel lamentent la verdure,
Si l'animal absent pour sa compagne endure,
Pourquoi ne pourrons-nous user de même loi,

Nous qui avons du ciel la première origine,
Qui portons la raison enclose en la poitrine,
Et qui sommes portraits d'un qui tient tout en soi ?

Anne d'URFÉ (1555-1621)

Sonnet

L'âme sortant du corps du Roi de l'univers,
Prenant le bois sacré que l'agneau sans macule
Avait oint de son sang, ainsi que fit Hercule,
Magnanime guerrier, elle vint aux enfers.

Là d'un coup de la croix, elle verse à l'envers
Les huis impérieux de la maison qui brûle,
Épouvante Pluton qui confus se recule.
Elle en tira les siens, y laissant les pervers.

Et le troisième jour, peu après que l'aurore
Fut apparue au ciel qu'elle peint et colore,
Rentrant dedans son corps, le fit ressusciter,

Immortel, glorieux, d'une façon nouvelle,
Car la mort n'eut pouvoir aucun d'y résister,
Parce que tout fléchit à sa force éternelle.

François de MALHERBE (1555-1628)

Beauté de qui la grâce ...

Beauté de qui la grâce étonne la nature,
Il faut donc que je cède à l'injure du sort,
Que je vous abandonne, et loin de votre port
M'en aille au gré du vent suivre mon aventure.

Il n'est ennui si grand que celui que j'endure :
Et la seule raison qui m'empêche la mort,
C'est le doute que j'ai que ce dernier effort
Ne fût mal employé pour une âme si dure.

Caliste, où pensez-vous ? qu'avez-vous entrepris ?
Vous résoudrez-vous point à borner ce mépris,
Qui de ma patience indignement se joue ?

Mais, ô de mon erreur l'étrange nouveauté,
Je vous souhaite douce, et toutefois j'avoue
Que je dois mon salut à votre cruauté.

Il n'est rien de si beau ...

Il n'est rien de si beau comme Caliste est belle :
C'est une oeuvre où Nature a fait tous ses efforts :
Et notre âge est ingrat qui voit tant de trésors,

S'il n'élève à sa gloire une marque éternelle.

La clarté de son teint n'est pas chose mortelle :
Le baume est dans sa bouche, et les roses dehors :
Sa parole et sa voix ressuscitent les morts,
Et l'art n'égale point sa douceur naturelle.

La blancheur de sa gorge éblouit les regards :
Amour est en ses yeux, il y trempe ses dards,
Et la fait reconnaître un miracle visible.

En ce nombre infini de grâces, et d'appas,
Qu'en dis-tu ma raison ? crois-tu qu'il soit possible
D'avoir du jugement, et ne l'adorer pas ?

Jean GODARD (1564-1630)

Amour, si de tout temps tu m'as trouvé fidèle

Amour, si de tout temps tu m'as trouvé fidèle,
Amour, si de tout temps je t'ai tant révéré,
Amour, si pour jamais et tant que je pourrai,
Je serai ton soudard targué de ta rondelle,

Madame fais-moi voir, fais que j'approche d'elle
A mon aise et plaisir, ce que j'ai désiré
Depuis jà tant de jours, sans que m'ait éclairé

A mon aise et souhait sa jumelle chandelle.

Change-moi pour le moins, ô petit dieu d'Amour,
En carquan pour baiser son col tout à l'entour,
En manchon pour couvrir sa main blanche et marbrine,

En un linge ouvragé pour toucher son tétin,
En chemise pour être auprès de sa poitrine,
Ou tout au pis aller que je sois son patin.

Mère des Dieux, brune chasse-lumière

Mère des Dieux, brune chasse-lumière,
Au moite sein, au carrouse tiré
De noirs chevaux, qui du pôle éthéré
Répands un Lèthe à la source sommière,

Déesse Nuit, l'antique et la première,
Que ton char brun de cent feux éclairés
Tombe plus tôt dans le flot azuré,
Brosse plus tôt ta course coutumière.

Sur ton autel dressé comme aux hauts dieux,
Sera le coq qui t'est tant odieux,
Si vitement tu hâtes ton voyage,

Durant lequel mon tourment plus s'âprit,
Loin de Madame, en me durant un âge.
A ce qu'on aime on a toujours l'esprit.

François MAYNARD   (1582-1646)

La belle vieille

Cloris, que dans mon temps j'ai si longtemps servie
Et que ma passion montre à tout l'univers,
Ne veux-tu pas changer le destin de ma vie
Et donner de beaux jours à mes derniers hivers ?

N'oppose plus ton deuil au bonheur où j'aspire.
Ton visage est-il fait pour demeurer voilé ?
Sors de ta nuit funèbre, et permets que j'admire
Les divines clartés des yeux qui m'ont brûlé.

Où s'enfuit ta prudence acquise et naturelle ?
Qu'est-ce que ton esprit a fait de sa vigueur ?
La folle vanité de paraître fidèle
Aux cendres d'un jaloux, m'expose à ta rigueur.

Eusses-tu fait le voeu d'un éternel veuvage
Pour l'honneur du mari que ton lit a perdu
Et trouvé des Césars dans ton haut parentage,
Ton amour est un bien qui m'est justement dû.

Qu'on a vu revenir de malheurs et de joies,
Qu'on a vu trébucher de peuples et de rois,
Qu'on a pleuré d'Hectors, qu'on a brûlé de Troies
Depuis que mon courage a fléchi sous tes lois !

Ce n'est pas d'aujourd'hui que je suis ta conquête,
Huit lustres ont suivi le jour que tu me pris,
Et j'ai fidèlement aimé ta belle tête
Sous des cheveux châtains et sous des cheveux gris.

C'est de tes jeunes yeux que mon ardeur est née ;
C'est de leurs premiers traits que je fus abattu ;
Mais tant que tu brûlas du flambeau d'hyménée,
Mon amour se cacha pour plaire à ta vertu.

Je sais de quel respect il faut que je t'honore
Et mes ressentiments ne l'ont pas violé.
Si quelquefois j'ai dit le soin qui me dévore,
C'est à des confidents qui n'ont jamais parlé.

Pour adoucir l'aigreur des peines que j'endure
Je me plains aux rochers et demande conseil
A ces vieilles forêts dont l'épaisse verdure
Fait de si belles nuits en dépit du soleil.

L'âme pleine d'amour et de mélancolie
Et couché sur des fleurs et sous des orangers,
J'ai montré ma blessure aux deux mers d'Italie
Et fait dire ton nom aux échos étrangers.

Ce fleuve impérieux à qui tout fit hommage
Et dont Neptune même endure le mépris,
A su qu'en mon esprit j'adorais ton image
Au lieu de chercher Rome en ses vastes débris.

Cloris, la passion que mon coeur t'a jurée

Ne trouve point d'exemple aux siècles les plus vieux.
Amour et la nature admirent la durée
Du feu de mes désirs et du feu de tes yeux.

La beauté qui te suit depuis ton premier âge
Au déclin de tes jours ne veut pas te laisser,
Et le temps, orgueilleux d'avoir fait ton visage,
En conserve l'éclat et craint de l'effacer.

Regarde sans frayeur la fin de toutes choses,
Consulte le miroir avec des yeux contents.
On ne voit point tomber ni tes lys, ni tes roses,
Et l'hiver de ta vie est ton second printemps.

Pour moi, je cède aux ans ; et ma tête chenue
M'apprend qu'il faut quitter les hommes et le jour.
Mon sang se refroidit ; ma force diminue
Et je serais sans feu si j'étais sans amour.

C'est dans peu de matins que je croîtrai le nombre
De ceux à qui la Parque a ravi la clarté !
Oh ! qu'on oira souvent les plaintes de mon ombre
Accuser tes mépris de m'avoir maltraité !

Que feras-tu, Cloris, pour honorer ma cendre ?
Pourras-tu sans regret ouïr parler de moi ?
Et le mort que tu plains te pourra-t-il défendre
De blâmer ta rigueur et de louer ma foi ?

Si je voyais la fin de l'âge qui te reste,
Ma raison tomberait sous l'excès de mon deuil ;

Je pleurerais sans cesse un malheur si funeste
Et ferais jour et nuit l'amour à ton cercueil !

1600-1700

Jacques Vallée DES BARREAUX
(1599-1673)

La Raison fait le malheur de l'homme

Ce n'est qu'un vent furtif que le bien de nos jours,
Qu'une fumée en l'air, un songe peu durable ;
Notre vie est un rien, à un point comparable,
Si nous considérons ce qui dure toujours.

L'homme se rend encor lui-même misérable,
Ce peu de temps duquel il abrège ses jours
Par mille passions, par mille vains discours,
Tant la sotte raison le rend irraisonnable.

Plus heureuses cent fois sont les bêtes sauvages,
Cent fois sont plus heureux les oiseaux aux bocages
Qui vivent pour le moins leur âge doucement.

Ah ! que naître comme eux ne nous fait la Nature,
Sans discours ni raison, vivant à l'aventure,
Notre mal ne nous vient que de l'entendement.

La vie est un songe

Tout n'est plein ici bas que de vaine apparence,
Ce qu'on donne à sagesse est conduit par le sort,
L'on monte et l'on descend avec pareil effort,
Sans jamais rencontrer l'état de consistance.

Que veiller et dormir ont peu de différence,
Grand maître en l'art d'aimer, tu te trompes bien fort
En nommant le sommeil l'image de la mort,
La vie et le sommeil ont plus de ressemblance.

Comme on rêve en son lit, rêver en la maison,
Espérer sans succès, et craindre sans raison,
Passer et repasser d'une à une autre envie,

Travailler avec peine et travailler sans fruit,
Le dirai-je, mortels, qu'est-ce que cette vie ?
C'est un songe qui dure un peu plus qu'une nuit.

Marin Le Roy de GOMBERVILLE (1600-1674)

Effroyables deserts, pleins d'ombre, et de silence

Effroyables deserts, pleins d'ombre, et de silence,
Où la peur, et l'hyver, sont éternellement ;
Rochers affreux, et nus, où l'on voit seulement
Le tonnerre, et les vents montrer leur insolence.

En quelque part des Cieux que le Soleil s'élance,
Vous estes tousjours pleins d'un froid aveuglement,
Et vos petits ruisseaux malgré leur element
Font monter jusqu'aux airs leur foible violence.

Lieu où jamais l'amour ne vint tendre ses rets,
Torrents, cavernes, troncs, si parmy ces forests
Je me tiens si content, et je vous ayme encore

Ce n'est pas qu'en efect vous ayez des appas,
Mais puisque vous avez la Beauté que j'adore,
Puis-je avoir ce Bon-heur, et ne vous aymer pas ?

Pierre CORNEILLE   (1606-1684)

Chanson

Si je perds bien des maîtresses,
J'en fais encor plus souvent,
Et mes voeux et mes promesses
Ne sont que feintes caresses,
Et mes voeux et mes promesses
Ne sont jamais que du vent.

Quand je vois un beau visage,
Soudain je me fais de feu,
Mais longtemps lui faire hommage,
Ce n'est pas bien mon usage,
Mais longtemps lui faire hommage,
Ce n'est pas bien là mon jeu.

J'entre bien en complaisance
Tant que dure une heure ou deux,
Mais en perdant sa présence
Adieu toute souvenance,
Mais en perdant sa présence
Adieu soudain tous mes feux (...)

Madeleine de SCUDÉRY (1607-1701)

Impromptu

Impromptu sur les pots de fleurs que monsieur le Prince de Condé cultiva lui-même

En voyant ces oeillets qu'un illustre guerrier
Arrosa d'une main qui gagna des batailles,
Souviens-toi qu'Apollon bâtissait des murailles
Et ne t'étonne point que Mars soit jardinier.

Jean de LA FONTAINE (1621-1695)

Le Corbeau et le Renard

Maître Corbeau, sur un arbre perché,
Tenait en son bec un fromage.
Maître Renard, par l'odeur alléché,
Lui tint à peu près ce langage :
"Hé ! bonjour, Monsieur du Corbeau.
Que vous êtes joli ! que vous me semblez beau !
Sans mentir, si votre ramage
Se rapporte à votre plumage,

Vous êtes le Phénix des hôtes de ces bois. "
A ces mots le Corbeau ne se sent pas de joie ;
Et pour montrer sa belle voix,
Il ouvre un large bec, laisse tomber sa proie.
Le Renard s'en saisit, et dit : "Mon bon Monsieur,
Apprenez que tout flatteur
Vit aux dépens de celui qui l'écoute :
Cette leçon vaut bien un fromage, sans doute. "
Le Corbeau, honteux et confus,
Jura, mais un peu tard, qu'on ne l'y prendrait plus.

Le Cygne et le Cuisinier

Dans une ménagerie
De volatiles remplie
Vivaient le Cygne et l'Oison :
Celui-là destiné pour les regards du maître ;
Celui-ci, pour son goût : l'un qui se piquait d'être
Commensal du jardin, l'autre, de la maison.
Des fossés du Château faisant leurs galeries,
Tantôt on les eût vus côte à côte nager,
Tantôt courir sur l'onde, et tantôt se plonger,
Sans pouvoir satisfaire à leurs vaines envies.
Un jour le Cuisinier, ayant trop bu d'un coup,
Prit pour Oison le Cygne ; et le tenant au cou,
Il allait l'égorger, puis le mettre en potage.
L'oiseau, prêt à mourir, se plaint en son ramage.
Le Cuisinier fut fort surpris,
Et vit bien qu'il s'était mépris.

"Quoi ? je mettrois, dit-ilj un tel chanteur en soupe !
Non, non, ne plaise aux Dieux que jamais ma main coupe
La gorge à qui s'en sert si bien! "
Ainsi dans les dangers qui nous suivent en croupe
Le doux parler ne nuit de rien.

Le Lion abattu par l'homme

On exposait une peinture
Où l'artisan avait tracé
Un Lion d'immense stature
Par un seul homme terrassé.
Les regardants en tiraient gloire.
Un Lion en passant rabattit leur caquet.
"Je vois bien, dit-il, qu'en effet
On vous donne ici la victoire ;
Mais l'Ouvrier vous a déçus :
Il avait liberté de feindre.
Avec plus de raison nous aurions le dessus,
Si mes confrères savaient peindre. "

Jean-Baptiste Poquelin, dit MOLIÈRE (1622-1673)

Stances galantes

Souffrez qu'Amour cette nuit vous réveille ;
Par mes soupirs laissez-vous enflammer ;
Vous dormez trop, adorable merveille,
Car c'est dormir que de ne point aimer.

Ne craignez rien ; dans l'amoureux empire
Le mal n'est pas si grand que l'on le fait
Et, lorsqu'on aime et que le coeur soupire,
Son propre mal souvent le satisfait.

Le mal d'aimer, c'est de vouloir le taire :
Pour l'éviter, parlez en ma faveur.
Amour le veut, n'en faites point mystère.
Mais vous tremblez, et ce dieu vous fait peur !

Peut-on souffrir une plus douce peine ?
Peut-on subir une plus douce loi ?
Qu'étant des coeurs la douce souveraine,
Dessus le vôtre Amour agisse en roi ;

Rendez-vous donc, ô divine Amarante !
Soumettez-vous aux volontés d'Amour ;

Aimez pendant que vous êtes charmante,
Car le temps passe et n'a point de retour.

Laurent DRELINCOURT (1626-1680)

Sur les pierres précieuses

Quoi, sort-il tant de feux, de rayons, de lumières,
D'un si froid, si grossier, et si noir élément ?
Et tant d'astres naissants dans ces sombres carrières
Font-ils donc de la terre un second firmament ?

Minéraux éclatants, terrestres luminaires,
Dont la tête des rois brille superbement,
Je ne vous puis compter que pour des biens vulgaires,
Et pour moi votre éclat n'est qu'un faible ornement.

Invisible Soleil, qui donnas l'être au monde,
Viens former dans mon coeur, par ta vertu féconde,
Pour célestes joyaux, l'espérance et la foi.

Mais que, cessant un jour d'espérer et de croire,
J'obtienne dans ton ciel, et possède avec toi
La couronne sans prix des rayons de ta gloire.

Claude-Emmanuel Lhuillier, dit CHAPELLE (1626-1686)

A Ninon

De grâce, introduis-moi chez elle
Je brûle de voir cette belle
Si c'est mon mal, si c'est mon bien
Je veux mourir si j'en sais rien.
....
Elle est ou contraire ou propice
Selon qu'il plaît à son caprice
Et son caprice, ce dit-on
Vaut souvent mieux que sa raison.
...
Ami courons à ces délices
Allons offrir sous tes auspices
Et mon coeur et ma liberté
A cette mortelle beauté
Ne trompe pas mon espérance
Je meurs d'impatience
Et si je ne la vois mardi
Tu me verras mort mercredi.

Jean RACINE   (1639-1699)

Sur le bonheur des Justes...

Sur le bonheur des justes et sur le malheur des reprouvés

Heureux, qui de la Sagesse
Attendant tout son secours,
N'a point mis en la Richesse
L'espoir de ses derniers jours.
La mort n'a rien qui l'étonne ;
Et dès que son Dieu l'ordonne,
Son âme prenant l'essor
S'élève d'un vol rapide
Vers la demeure, où réside
Son véritable trésor.

De quelle douleur profonde
Seront un jour pénétrés
Ces insensés, qui du monde,
Seigneur, vivent enivrés ;
Quand par une fin soudaine
Détrompés d'une ombre vaine,
Qui passe, et ne revient plus,
Leurs yeux du fond de l'abîme
Près de ton trône sublime
Verront briller tes Elus !

Infortunés que nous sommes,

Où s'égaraient nos esprits ?
Voilà, diront-ils, ces hommes,
Vils objets de nos mépris,
Leur sainte et pénible vie
Nous parut une folie.
Mais aujourd'hui triomphants,
Le Ciel chante leur louange,
Et Dieu lui-même les range
Au nombre de ses Enfants.

Pour trouver un bien fragile
Qui nous vient d'être arraché,
Par quel chemin difficile
Hélas ! nous avons marché !
Dans une route insensée
Notre âme en vain s'est lassée,
Sans se reposer jamais,
Fermant l'oeil à la lumière,
Qui nous montrait la carrière
De la bien-heureuse Paix.

De nos attentats injustes
Quel fruit nous est-il resté ?
Où sont les titres augustes,
Dont notre orgueil s'est flatté ?
Sans amis, et sans défense,
Au trône de la vengeance
Appelés en jugement,
Faibles et tristes victimes
Nous y venons de nos crimes
Accompagnés seulement.

Ainsi d'une voix plaintive
Exprimera ses remords
La Pénitence, tardive
Des inconsolables Morts.
Ce qui faisait leurs délices,
Seigneur, fera leurs supplices.
Et par une égale loi,
Tes Saints trouveront des charmes
Dans le souvenir des larmes
Qu'ils versent ici pour toi.

Antoine de HAMILTON   (1646-1720)

Chanson

Celle qu'adore mon coeur n'est ni brune ni blonde ;
Pour la peindre d'un seul trait
C'est le plus charmant objet
Du monde.

Cependant de ses beautés le compte est bien facile ;
On lui voit cinq cents appas,
Et cinq cents qu'on ne voit pas
Font mille.

Sa sagesse et son esprit sont d'une main céleste ;
Mille attraits m'ont informé

Que les grâces ont formé
Le reste.

Du vif éclat de son teint quelles couleurs sont dignes ?
Flore a bien moins de fraîcheur
Et sa gorge a la blancheur
Des cygnes.

Elle a la taille et les bras de Vénus elle-même ;
D'Hébé la bouche et le nez ;
Et, par ses yeux, devinez
Qui j'aime.

1700-1800

François Marie Arouet, dit VOLTAIRE
(1694-1778)

A Mademoiselle de Guise

Vous possédez fort inutilement
Esprit, beauté, grâce, vertu, franchise ;
Qu'y manque-t-il ? quelqu'un qui vous le dise
Et quelque ami dont on en dise autant.

A Mme du Châtelet

" Si vous voulez que j'aime encore,
Rendez-moi l'âge des amours;
Au crépuscule de mes jours
Rejoignez, s'il se peut, l'aurore.

Des beaux lieux où le dieu du vin
Avec l'Amour tient son empire,
Le Temps, qui me prend par la main,
M'avertit que je me retire.

De son inflexible rigueur
Tirons au moins quelque avantage.
Qui n'a pas l'esprit de son âge,
De son âge a tout le malheur.

Laissons à la belle jeunesse
Ses folâtres emportements.
Nous ne vivons que deux moments:
Qu'il en soit un pour la sagesse.

Quoi! pour toujours vous me fuyez,
Tendresse, illusion, folie,
Dons du ciel, qui me consoliez
Des amertumes de la vie!

On meurt deux fois, je le vois bien:
Cesser d'aimer et d'être aimable,
C'est une mort insupportable;
Cesser de vivre, ce n'est rien. "

Ainsi je déplorais la perte
Des erreurs de mes premiers ans;
Et mon âme, aux désirs ouverte,
Regrettait ses égarements.

Du ciel alors daignant descendre,
L'Amitié vint à mon secours;
Elle était peut-être aussi tendre,
Mais moins vive que les Amours.

Touché de sa beauté nouvelle,

Et de sa lumière éclairé,
Je la suivis; mais je pleurai
De ne pouvoir plus suivre qu'elle.

Cardinal de BERNIS   (1715-1794)

Sur l'amour de la patrie

Je vous salue, ô terre où le ciel m'a fait naître,
Lieux où le jour pour moi commença de paraître,
Quand l'astre du berger, brillant d'un feu nouveau,
De ses premiers rayons éclaira mon berceau !
Je revois cette plaine où des arbres antiques
Couronnent les dehors de nos maisons rustiques,
Arbres, témoins vivants de la faveur des cieux,
Dont la feuille nourrit ces vers industrieux
Qui tirent de leur sein notre espoir, notre joie,
Et pour nous enrichir s'enferment dans leur soie.
Trésor du laboureur, ornement du berger,
L'olive sous mes yeux s'unit à l'oranger.
Que j'aime à contempler ces montagnes bleuâtres
Qui forment devant moi de longs amphithéâtres,
Où l'hiver règne encor quand la blonde Cérès
De l'or de ses cheveux a couvert nos guérets !
Qu'il m'est doux de revoir sur des rives fertiles
Le Rhône ouvrir ses bras pour séparer nos îles,
Et, ramassant enfin ses trésors dispersés,

Blanchir un pont bâti sur ses flots courroucés ;
D'admirer au couchant ces vignes renommées
Qui courbent en festons leurs grappes parfumées ;
Tandis que vers le nord des chênes toujours verts
Affrontent le tonnerre et bravent les hivers !

Je te salue encore, ô ma chère patrie !
Mes esprits sont émus ; et mon âme attendrie
Échappe avec transport au trouble des palais,
Pour chercher dans ton sein l'innocence et la paix.
C'est donc sous ces lambris qu'ont vécu mes ancêtres !
Justes pour leurs voisins, fidèles à leurs maîtres,
Ils venaient décorer ces balcons abattus,
Embellir ces jardins, asiles des vertus,
Où sur des bancs de fleurs, sous une treille inculte
Ils oubliaient la cour et bravaient son tumulte !
Chaque objet frappe, éveille et satisfait mes sens ;
Je reconnais les dieux au plaisir que je sens.
Non, l'air n'est point ailleurs si pur, l'onde si claire ;
Le saphir brille moins que le ciel qui m'éclaire ;
Et l'on ne voit qu'ici, dans tout son appareil,
Lever, luire, monter, et tomber le soleil.

Amour de nos foyers, quelle est votre puissance !
Quels lieux sont préférés aux lieux de la naissance ?
Je vante ce beau ciel, ce jour brillant et pur
Qui répand dans les airs l'or, la pourpre et l'azur,
Cette douce chaleur qui mûrit, qui colore
Les trésors de Vertumne et les présents de Flore ;
Un Lapon vanterait les glaces, les frimas
Qui chassent loin de lui la fraude et les combats ;

Libre, paisible, heureux, dans le sein de la terre,
Il n'entend point gronder les foudres de la guerre.
Quels stériles déserts, quels antres écartés
Sont pour leurs habitants sans grâce et sans beautés ?
Virgile abandonnait les fêtes de Capoue
Pour rêver sur les bords des marais de Mantoue ;
Et les rois indigents d'Ithaque et de Scyros
Préféraient leurs rochers aux marbres de Paros.

En vain l'ambition, l'inquiète avarice,
La curiosité, le volage caprice,
Nous font braver cent fois l'inclémence des airs,
Les dangers de la terre et le péril des mers :
Des plus heureux climats, des bords les plus barbares,
Rappelés sourdement par la voix de nos Lares,
Nous portons à leurs pieds ces métaux recherchés
Qui au fond du Potosi les dieux avaient cachés.
Assis tranquillement sous nos foyers antiques,
Nous trouvons dans le sein de nos dieux domestiques
Cette douceur, ce calme, objet de nos travaux,
Que nous cherchions en vain sur la terre et les eaux.

Tel est l'heureux effet de l'amour de nous-même :
Utile à l'univers quand il n'est point extrême,
Cet amour, trop actif pour être concentré,
S'échappe de nos coeurs, se répand par degré
Sur nos biens, sur les lieux où nous prîmes naissance,
Jusque sur les témoins des jeux de notre enfance.
C'est lui qui nous rend cher le nom de nos aïeux,
Les destins inconnus de nos derniers neveux,
Et qui, trop resserré dans la sphère où nous sommes,

Embrasse tous les lieux, enchaîne tous les hommes.
L'amour-propre a tissu les différents liens
Qui tiennent enchaînés les divers citoyens :
L'intérêt personnel, auteur de tous les crimes,
De l'intérêt public établit les maximes.
Oui, lui seul a formé nos plus aimables noeuds
Nos amis ne sont rien, nous nous aimons en eux.
Vous qui nommez l'amour une étincelle pure,
Un rayon émané du sein de la nature,
Détruisez une erreur si chère à vos appas.
Aimerait-on autrui, si l'on ne s'aimait pas ?
Ces transports renaissants à l'aspect de vos charmes,
Ces soins mêlés de trouble et ces perfides larmes
Sont des tributs trompeurs qu'un amant emporté
Offre au dieu des plaisirs bien plus qu'à la beauté.

L'amour des citoyens ne devient légitime
Que par le bien public qui le règle et l'anime.
Malheur aux coeurs d'airain qui tiennent en prison
Un feu né pour s'étendre au gré de la raison,
Un amour dangereux que l'intérêt allume,
Qui, trop longtemps captif, s'irrite et nous consume,
Tels les terribles feux dont brûlent les Titans,
Comprimés par la terre, enfantent les volcans.
Ainsi vit-on jadis, dans Rome et dans Athènes,
Le peuple heureux et libre, ou courbé sous les chaînes,
Selon que l'amour-propre, obéissant aux lois,
De la patrie en pleurs reconnaissait la voix.
Ainsi dans tous les temps l'intérêt domestique
A balancé le poids de la cause publique.

Amour de la justice, amour digne de nous,
Embrasez les mortels, croissez, étendez-vous ;
Consumez, renversez ces indignes barrières,
Ces angles meurtriers qui bordent les frontières,
Ces remparts tortueux, et ces globes de fer
Qui vomissent sur nous les flammes de l'enfer.
Faut-il que nos fureurs nous rendent nécessaires
Les glaives que forgea l'audace de nos pères ?
Faut-il toujours attendre ou craindre des revers,
Et gémir sur le bord de nos tombeaux ouverts ?

Ô moeurs du siècle d'or, ô chimères aimables !
Ne saurons-nous jamais réaliser vos fables ?
Et ne connaîtrons-nous que l'art infructueux
De peindre la vertu sans être vertueux ?

Joseph QUESNEL   (1746-1809)

Stances sur mon jardin de Boucherville

Petit jardin que j'ai planté
Que ton enceinte sait me plaire !
Je vois en ta simplicité,
L'image de mon caractère.

Pour rêver qu'on s'y trouve bien !
Ton agrément c'est la verdure ;

A l'art tu ne dois presque rien,
Tu dois beaucoup à la nature.

D'un fleuve rapide en son cours,
Tes murs viennent toucher la rive,
Et j'y vois s'écouler mes jours,
Comme son onde fugitive.

Lorsque, pour goûter le repos,
Chaque soir je quitte l'ouvrage,
Que j'aime, jeunes arbrisseaux,
A reposer sous votre ombrage !

Votre feuillage, tout le jour,
Au doux rossignol sert d'asile ;
C'est là qu'il chante son amour,
Et, la nuit, il y dort tranquille.

Toi qui brilles en mon jardin,
Tendre fleur, ton destin m'afflige !
On te voit fleurir le matin,
Et, le soir, mourir sur la tige.

Vous croissez arbrisseaux charmants,
Dans l'air votre tige s'élance ;
Hélas ! j'eus aussi mon printemps,
Mais déjà mon hiver commence.

Mais à quoi sert de regretter,
Les jours de notre court passage ?

La mort ne doit point attrister,
Ce n'est que la fin du voyage .

André CHÉNIER   (1762-1794)

J'étais un faible enfant qu'elle était grande et belle

J'étais un faible enfant qu'elle était grande et belle ;
Elle me souriait et m'appelait près d'elle.
Debout sur ses genoux, mon innocente main
Parcourait ses cheveux, son visage, son sein,
Et sa main quelquefois, aimable et caressante,
Feignait de châtier mon enfance imprudente.
C'est devant ses amants, auprès d'elle confus,
Que la fière beauté me caressait le plus.
Que de fois (mais, hélas ! que sent-on à cet âge ?)
Les baisers de sa bouche ont pressé mon visage !
Et les bergers disaient, me voyant triomphant :
"Ô que de biens perdus ! ô trop heureux enfant !"

Adélaïde DUFRÉNOY (1765-1825)

Sur la mort de Florian

Pleurez, Grâces, pleurez, Amours ;
Pleurez, ô vous bergers sensibles !
Du chantre de vos moeurs paisibles
La lyre se tait pour toujours !

Dans la plus belle des saisons
Renaîtront les fleurs du bocage ;
Mais de Florian sous l'ombrage
Ne renaîtront plus les chansons.

Fière en secret de vos désirs,
Si la beauté vous rend les armes,
Qui chantera les douces larmes
Que lui coûteront vos plaisirs ?

Dans vos champs, sous vos yeux émus,
S'il naissait encore une Estelle
Qui pourra la rendre immortelle ?
Florian, hélas, ne vit plus.

Pleurez, Grâces, pleurez, Amours ;
Pleurez, ô vous bergers sensibles !
Du chantre de vos moeurs paisibles
La lyre se tait pour toujours !

Louis Antoine de SAINT-JUST   (1767-1794)

Homme est un mot...

Homme est un mot qui ne caractérise
Qu'un animal, ainsi qu'ours et lion ;
Son naturel est erreur et sottise,
Malignité, superbe, ambition ;
Il naît et meurt ; et mort, on le méprise.
De son destin orgueilleux, on le voi
Fouler la terre en pays de conquête,
Que la raison a soumis à sa loi ;
Il n'est plus que la première bête
De ce séjour dont il se dit le Roi.
Maître du monde, esclave de lui-même,
Il creuse tout, et ne sait ce qu'il est ;
Son coeur, pétri d'orgueil et d'intérêt,
Craint ce qu'il hait, méprise ce qu'il aime.
Impudemment il appelle vertu
Le crime sourd d'un sophisme vêtu.
Son amour-propre inventa l'apparence ;
L'intérêt vil lui donna la prudence,
Et sa raison n'est qu'un noir composé
D'orgueil adroit, d'orgueil intéressé.
L'or animé dans ses veines palpite ;
L'or est son coeur ; c'est le Dieu qui l'agite ;
Sa voix le traîne au travers des dangers,
Pour s'engraisser sur des bords étrangers.

L'or inventa les Arts, l'Astronomie,
Et l'Avarice est mère du Génie.

Constance de THÉIS   (1767-1845)

Epître aux femmes

Ô femmes, c'est pour vous que j'accorde ma lyre ;
Ô femmes, c'est pour vous qu'en mon brûlant délire,
D'un usage orgueilleux, bravant les vains efforts,
Je laisse enfin ma voix exprimer mes transports.
Assez et trop longtemps la honteuse ignorance
A jusqu'en vos vieux jours prolongé votre enfance ;
Assez et trop longtemps les hommes, égarés,
Ont craint de voir en vous des censeurs éclairés ;
Les temps sont arrivés, la raison vous appelle :
Femmes éveillez-vous et soyez dignes d'elle.

Si la nature a fait deux sexes différents,
Elle a changé la forme, et non les éléments.
Même loi, même erreur, même ivresse les guide ;
L'un et l'autre propose, exécute ou décide ;
Les charges, les pouvoirs entre eux deux divisés,
Par un ordre immuable y restent balancés.[...]

Mais déjà mille voix ont blâmé notre audace ;
On s'étonne, on murmure, on s'agite, on menace ;

On veut nous arracher la plume et le pinceau ;
Chacun a contre nous sa chanson, ses bons mots ;
L'un, ignorant et sot, vient, avec ironie,
Nous citer de Molière un vers qu'il estropie ;
L'autre, vain par système et jaloux par métier,
Dit d'un air dédaigneux : Elle a son teinturier.
De jeunes gens à peine échappés au collège
Discutent hardiment nos droits, leur privilège ;
Et les arrêts dictés par la fatuité,
La mode, l'ignorance, et la futilité,
Répétés en écho par ces juges imberbes,
Après deux ou trois jours sont passés en proverbes.
En vain l'homme de bien (car il en est toujours)
En vain l'homme de bien vient à notre secours,
Leur prouve de nos coeurs la force, le courage,
Leur montre nos lauriers conservés d'âge en âge,
Leur dit qu'on peut unir grâces, talents, vertus ;
Que Minerve était femme aussi bien que Vénus ;
Rien ne peut ramener cette foule en délire ;
L'honnête homme se tait, nous regarde et soupire.
Mais, ô dieux, qu'il soupire et qu'il gémit bien plus
Quand il voit les effets de ce cruel abus ;
Quand il voit le besoin de distraire nos âmes
Se porter, malgré nous, sur de coupables flammes !
Quand il voit ces transports que réclamaient les arts
Dans un monde pervers offenser ses regards,
Et sur un front terni la licence funeste
Remplacer les lauriers du mérite modeste !
Ah ! détournons les yeux de cet affreux tableau !
Ô femmes, reprenez la plume et le pinceau.
Laissez le moraliste, employant le sophisme,

Autoriser en vain l'effort du despotisme ;
Laissez-le, tourmentant des mots insidieux,
Dégrader notre sexe et vanter nos beaux yeux ;
Laissons l'anatomiste, aveugle en sa science,
D'une fibre avec art calculer la puissance,
Et du plus et du moins inférer sans appel
Que sa femme lui doit un respect éternel.
La nature a des droits qu'il ignore lui-même :
On ne la courbe pas sous le poids d'un système ;
Aux mains de la faiblesse elle met la valeur ;
Sur le front du superbe, elle écrit la terreur ;
Et, dédaignant les mots de sexe et d'apparence,
Pèse dans sa grandeur les dons qu'elle dispense. [...]

François-René de CHATEAUBRIAND   (1768-1848)

Nous verrons

Le passé n'est rien dans la vie,
Et le présent est moins encor ;
C'est à l'avenir qu'on se fie
Pour donner joie et trésor.
Tout mortel dans ses yeux devance
Cet avenir où nous courrons ;
Le bonheur est espérance ;
On vit, en disant : nous verrons.

Mais cet avenir plein de charmes,
Qu'en est-il lorsqu'il est arrivé ?
C'est le présent qui, de nos larmes,
Matin et soir est abreuvé !
Aussitôt que s'ouvre la scène
Qu'avec ardeur nous désirons,
On bâille, on la regarde à peine ;
On vit, en disant : nous verrons.

Ce vieillard penche vers la terre :
Il touche à ses derniers instants ;
Y pense-t-il ? Non : il espère
Vivre encore soixante-dix ans.
Un docteur, fort d'expérience,
Veut lui prouver que nous mourrons ;
Le vieillard rit de la sentence
Et meurt, en disant : nous verrons.

Valère et Damis n'ont qu'une âme,
C'est le modèle des amis.
Valère en un malheur réclame
La bourse et les soins de Damis :
" Je viens à vous, ami si tendre,
Ou ce soir au fond des prisons...
— Quoi ! ce soir même ? — On peut attendre.
Revenez demain : nous verrons. "

Nous verrons est un mot magique
Qui sert dans tous les cas fâcheux.
Nous verrons, dit le politique ;

Nous verrons, dit le malheureux.
Les grands hommes de nos gazettes,
Les rois du jour, les fanfarons,
Les faux amis, les coquettes,
Tout cela vous dit : nous verrons.

1800-1900

Marceline DESBORDES-VALMORE
(1786-1859)

Les séparés

N'écris pas. Je suis triste, et je voudrais m'éteindre.
Les beaux étés sans toi, c'est la nuit sans flambeau.
J'ai refermé mes bras qui ne peuvent t'atteindre,
Et frapper à mon coeur, c'est frapper au tombeau.
N'écris pas !

N'écris pas. N'apprenons qu'à mourir à nous-mêmes.
Ne demande qu'à Dieu... qu'à toi, si je t'aimais !
Au fond de ton absence écouter que tu m'aimes,
C'est entendre le ciel sans y monter jamais.
N'écris pas !

N'écris pas. Je te crains ; j'ai peur de ma mémoire ;
Elle a gardé ta voix qui m'appelle souvent.
Ne montre pas l'eau vive à qui ne peut la boire.
Une chère écriture est un portrait vivant.
N'écris pas !

N'écris pas ces doux mots que je n'ose plus lire :

Il semble que ta voix les répand sur mon coeur ;
Que je les vois brûler à travers ton sourire ;
Il semble qu'un baiser les empreint sur mon coeur.
N'écris pas !

Loin du monde

Entrez, mes souvenirs, ouvrez ma solitude !
Le monde m'a troublée ; elle aussi me fait peur.
Que d'orages encore et que d'inquiétude
Avant que son silence assoupisse mon coeur !

Je suis comme l'enfant qui cherche après sa mère,
Qui crie, et qui s'arrête effrayé de sa voix.
J'ai de plus que l'enfant une mémoire amère :
Dans son premier chagrin, lui, n'a pas d'autrefois.

Entrez, mes souvenirs, quand vous seriez en larmes,
Car vous êtes mon père, et ma mère, et mes cieux !
Vos tristesses jamais ne reviennent sans charmes ;
Je vous souris toujours en essuyant mes yeux.

Revenez ! Vous aussi, rendez-moi vos sourires,
Vos longs soleils, votre ombre, et vos vertes fraîcheurs,
Où les anges riaient dans nos vierges délires,
Où nos fronts s'allumaient sous de chastes rougeurs.

Dans vos flots ramenés quand mon coeur se replonge,
Ô mes amours d'enfance ! ô mes jeunes amours !

Je vous revois couler comme l'eau dans un songe,
Ô vous, dont les miroirs se ressemblent toujours !

Alphonse de LAMARTINE   (1790-1869)

Chant d'amour (VI)

Un jour, le temps jaloux, d'une haleine glacée,
Fanera tes couleurs comme une fleur passée
Sur ces lits de gazon ;
Et sa main flétrira sur tes charmantes lèvres
Ces rapides baisers, hélas ! dont tu me sèvres
Dans leur fraîche saison.

Mais quand tes yeux, voilés d'un nuage de larmes,
De ces jours écoulés qui t'ont ravi tes charmes
Pleureront la rigueur ;
Quand dans ton souvenir, dans l'onde du rivage
Tu chercheras en vain ta ravissante image,
Regarde dans mon coeur !

Là ta beauté fleurit pour des siècles sans nombre ;
Là ton doux souvenir veille à jamais à l'ombre
De ma fidélité,
Comme une lampe d'or dont une vierge sainte
Protège avec la main, en traversant l'enceinte,
La tremblante clarté.

Et quand la mort viendra, d'un autre amour suivie,
Éteindre en souriant de notre double vie
L'un et l'autre flambeau,
Qu'elle étende ma couche à côté de la tienne,
Et que ta main fidèle embrasse encor la mienne
Dans le lit du tombeau.

Ou plutôt puissions-nous passer sur cette terre,
Comme on voit en automne un couple solitaire
De cygnes amoureux
Partir, en s'embrassant, du nid qui les rassemble,
Et vers les doux climats qu'ils vont chercher ensemble
S'envoler deux à deux.

Casimir DELAVIGNE (1793-1843)

Trois jours de Christophe Colomb

"En Europe ! en Europe ! - Espérez - Plus d'espoir !
- Trois jours, leur dit Colomb, et je vous donne un monde."
Et son doigt le montrait, et son oeil, pour le voir,
Perçait de l'horizon l'immensité profonde.
Il marche, et des trois jours le premier jour a lui ;
Il marche, et l'horizon recule devant lui ;
Il marche, et le jour baisse. Avec l'azur de l'onde

L'azur d'un ciel sans borne à ses yeux se confond.
Il marche, il marche encore, et toujours ; et la sonde
Plonge et replonge en vain dans une mer sans fond.

Le pilote, en silence, appuyé tristement
Sur la barre qui crie au milieu des ténèbres,
Écoute du roulis le sourd mugissement,
Et des mâts fatigués les craquements funèbres.
Les astres de l'Europe ont disparu des cieux ;
L'ardente Croix du Sud épouvante ses yeux.
Enfin l'aube attendue, et trop lente à paraître,
Blanchit le pavillon de sa douce clarté.
"Colomb, voici le jour ! le jour vient de renaître!
- Le jour! et que vois-tu ? -je vois l'immensité, "

Qu'importe! il est tranquille... Ah! l'avez-vous pensé ?
Une main sur son coeur, si sa gloire vous tente,
Comptez les battements de ce coeur oppressé
Qui s'élève et retombe, et languit dans l'attente...

Le second jour a fui. Que fait Colomb ? il dort -
La fatigue l'accable, et dans l'ombre on conspire.
"Périra-t-il ? Aux voix : - La mort ! - la mort! - la mort !
- Qu'il triomphe demain, ou, parjure, il expire."
Les ingrats ! quoi ! demain il aura pour tombeau
Les mers où son audace ouvre un chemin nouveau !
Et peut-être demain leurs flots impitoyables,
Le poussant vers ces bords que cherchait son regard,
Les lui feront toucher, en roulant sur les sables
L'aventurier Colomb, grand homme un jour plus tard !...

Soudain, du haut des mâts descendit une voix :
"Terre ! s'écriait-on, terre ! terre ! ... " Il s'éveille ;
Il court. Oui, la voilà ! c'est elle, tu la vois !
La terre !... Ô doux spectacle ! ô transports ! ô merveille !
Ô généreux sanglot qu'il ne peut retenir !
Que dira Ferdinand, l'Europe, l'avenir ?
Il la donne à son roi, cette terre féconde ;
Son roi va le payer des maux qu'il a soufferts :
Des trésors, des honneurs en échange d'un monde,
Un trône, ah ! c'était peu !... Que reçut-il ? Des fers.

Alfred de VIGNY   (1797-1863)

L'esprit parisien

Esprit parisien ! démon du Bas-Empire !
Vieux sophiste épuisé qui bois, toutes les nuits,
Comme un vin dont l'ivresse engourdit tes ennuis,
Les gloires du matin, la meilleure et la pire;

Froid niveleur, moulant, aussitôt qu'il expire,
Le plâtre d'un grand homme ou bien d'un assassin,
Leur mesurant le crâne, et, dans leur vaste sein,
Poussant jusques au coeur ta lèvre de vampire ;

Tu ris ! - Ce mois joyeux t'a jeté trois par trois

Les fronts guillotinés sur la place publique.
- Ce soir, fais le chrétien, dis bien haut que tu crois.

A genoux ! roi du mal, comme les autres rois !
Pour que la Charité, de son doigt angélique,
Sur ton front de damné fasse un signe de croix.

Victor HUGO (1802-1885)

Depuis six mille ans la guerre

Depuis six mille ans la guerre
Plait aux peuples querelleurs,
Et Dieu perd son temps à faire
Les étoiles et les fleurs.

Les conseils du ciel immense,
Du lys pur, du nid doré,
N'ôtent aucune démence
Du coeur de l'homme effaré.

Les carnages, les victoires,
Voilà notre grand amour ;
Et les multitudes noires
Ont pour grelot le tambour.

La gloire, sous ses chimères

Et sous ses chars triomphants,
Met toutes les pauvres mères
Et tous les petits enfants.

Notre bonheur est farouche ;
C'est de dire : Allons ! mourons !
Et c'est d'avoir à la bouche
La salive des clairons.

L'acier luit, les bivouacs fument ;
Pâles, nous nous déchaînons ;
Les sombres âmes s'allument
Aux lumières des canons.

Et cela pour des altesses
Qui, vous à peine enterrés,
Se feront des politesses
Pendant que vous pourrirez,

Et que, dans le champ funeste,
Les chacals et les oiseaux,
Hideux, iront voir s'il reste
De la chair après vos os !

Aucun peuple ne tolère
Qu'un autre vive à côté ;
Et l'on souffle la colère
Dans notre imbécillité.

C'est un Russe ! Egorge, assomme.
Un Croate ! Feu roulant.

C'est juste. Pourquoi cet homme
Avait-il un habit blanc ?

Celui-ci, je le supprime
Et m'en vais, le coeur serein,
Puisqu'il a commis le crime
De naître à droite du Rhin.

Rosbach ! Waterloo ! Vengeance !
L'homme, ivre d'un affreux bruit,
N'a plus d'autre intelligence
Que le massacre et la nuit.

On pourrait boire aux fontaines,
Prier dans l'ombre à genoux,
Aimer, songer sous les chênes ;
Tuer son frère est plus doux.

On se hache, on se harponne,
On court par monts et par vaux ;
L'épouvante se cramponne
Du poing aux crins des chevaux.

Et l'aube est là sur la plaine !
Oh ! j'admire, en vérité,
Qu'on puisse avoir de la haine
Quand l'alouette a chanté.

Mes deux filles

Dans le frais clair-obscur du soir charmant qui tombe,
L'une pareille au cygne et l'autre à la colombe,
Belle, et toutes deux joyeuses, ô douceur !
Voyez, la grande soeur et la petite soeur
Sont assises au seuil du jardin, et sur elles
Un bouquet d'oeillets blancs aux longues tiges frêles,
Dans une urne de marbre agité par le vent,
Se penche, et les regarde, immobile et vivant,
Et frissonne dans l'ombre, et semble, au bord du vase,
Un vol de papillons arrêté dans l'extase.

George SAND   (1804-1876)

Chatterton

Quand vous aurez prouvé, messieurs du journalisme,
Que Chatterton eut tort de mourir ignoré,
Qu'au Théâtre-Français on l'a défiguré,
Quand vous aurez crié sept fois à l'athéisme,

Sept fois au contresens et sept fois au sophisme,
Vous n'aurez pas prouvé que je n'ai pas pleuré.
Et si mes pleurs ont tort devant le pédantisme,
Savez-vous, moucherons, ce que je vous dirai ?

Je vous dirai : "Sachez que les larmes humaines
Ressemblent en grandeur aux flots de l'Océan ;
On n'en fait rien de bon en les analysant ;

Quand vous en puiseriez deux tonnes toutes pleines,
En les faisant sécher, vous n'en aurez demain
Qu'un méchant grain de sel dans le creux de la main."

Jules BARBEY D'AUREVILLY (1807-1889)

Les nénuphars

A la baronne H. de B.

Nénuphars blancs, ô lys des eaux limpides,
Neige montant du fond de leur azur,
Qui, sommeillant sur vos tiges humides,
Avez besoin, pour dormir, d'un lit pur ;
Fleurs de pudeur, oui ! vous êtes trop fières
Pour vous laisser cueillir... et vivre après.
Nénuphars blanc, dormez sur vos rivières,
Je ne vous cueillerai jamais !

Nénuphars blancs, ô fleurs des eaux rêveuses,
Si vous rêvez, à quoi donc rêvez-vous ?...
Car pour rêver il faut être amoureuses,
Il faut avoir le coeur pris... ou jaloux ;

Mais vous, ô fleurs que l'eau baigne et protège,
Pour vous, rêver... c'est aspirer le frais !
Nénuphars blancs, dormez dans votre neige !
Je ne vous cueillerai jamais !

Nénuphars blancs, fleurs des eaux engourdies
Dont la blancheur fait froid aux coeurs ardents,
Qui vous plongez dans vos eaux détiédies
Quand le soleil y luit, Nénuphars blancs !
Restez cachés aux anses des rivières,
Dans les brouillards, sous les saules épais...
Des fleurs de Dieu vous êtes les dernières !
Je ne vous cueillerai jamais !

Gérard de NERVAL   (1808-1855)

Artémis

La Treizième revient... C'est encor la première ;
Et c'est toujours la Seule, - ou c'est le seul moment :
Car es-tu Reine, ô Toi! la première ou dernière ?
Es-tu Roi, toi le seul ou le dernier amant ? ...

Aimez qui vous aima du berceau dans la bière ;
Celle que j'aimai seul m'aime encor tendrement :
C'est la Mort - ou la Morte... Ô délice ! ô tourment !
La rose qu'elle tient, c'est la Rose trémière.

Sainte napolitaine aux mains pleines de feux,
Rose au coeur violet, fleur de sainte Gudule,
As-tu trouvé ta Croix dans le désert des cieux ?

Roses blanches, tombez ! vous insultez nos Dieux,
Tombez, fantômes blancs, de votre ciel qui brûle :
- La sainte de l'abîme est plus sainte à mes yeux !

Myrtho

Je pense à toi, Myrtho, divine enchanteresse,
Au Pausilippe altier, de mille feux brillant,
À ton front inondé des clartés de l'Orient,
Aux raisins noirs mêlés avec l'or de ta tresse.

C'est dans ta coupe aussi que j'avais bu l'ivresse,
Et dans l'éclair furtif de ton oeil souriant,
Quand aux pieds d'Iacchus on me voyait priant,
Car la Muse m'a fait l'un des fils de la Grèce.

Je sais pourquoi là-bas le volcan s'est rouvert...
C'est qu'hier tu l'avais touché d'un pied agile,
Et de cendres soudain l'horizon s'est couvert.

Depuis qu'un duc normand brisa tes dieux d'argile,
Toujours, sous les rameaux du laurier de Virgile,
Le pâle hortensia s'unit au myrte vert !

El Desdichado

Je suis le Ténébreux, - le Veuf, - l'Inconsolé,
Le Prince d'Aquitaine à la Tour abolie :
Ma seule Étoile est morte, - et mon luth constellé
Porte le Soleil noir de la Mélancolie.

Dans la nuit du Tombeau, Toi qui m'as consolé,
Rends-moi le Pausilippe et la mer d'Italie,
La fleur qui plaisait tant à mon coeur désolé,
Et la treille où le Pampre à la Rose s'allie.

Suis-je Amour ou Phoebus ?... Lusignan ou Biron ?
Mon front est rouge encor du baiser de la Reine ;
J'ai rêvé dans la Grotte où nage la Sirène...

Et j'ai deux fois vainqueur traversé l'Achéron :
Modulant tour à tour sur la lyre d'Orphée
Les soupirs de la Sainte et les cris de la Fée.

Alfred de MUSSET   (1810-1857)

Que j'aime le premier frisson d'hiver...

Que j'aime le premier frisson d'hiver ! le chaume,
Sous le pied du chasseur, refusant de ployer !
Quand vient la pie aux champs que le foin vert

embaume,
Au fond du vieux château s'éveille le foyer ;

C'est le temps de la ville. - Oh ! lorsque l'an dernier,
J'y revins, que je vis ce bon Louvre et son dôme,
Paris et sa fumée, et tout ce beau royaume
(J'entends encore au vent les postillons crier),

Que j'aimais ce temps gris, ces passants, et la Seine
Sous ses mille falots assise en souveraine !
J'allais revoir l'hiver. - Et toi, ma vie, et toi !

Oh ! dans tes longs regards j'allais tremper mon âme
Je saluais tes murs. - Car, qui m'eût dit, madame,
Que votre coeur sitôt avait changé pour moi ?

Dans dix ans d'ici seulement

Dans dix ans d'ici seulement,
Vous serez un peu moins cruelle.
C'est long, à parler franchement.
L'amour viendra probablement
Donner à l'horloge un coup d'aile.

Votre beauté nous ensorcelle,
Prenez-y garde cependant :
On apprend plus d'une nouvelle
En dix ans.

Quand ce temps viendra, d'un amant
Je serai le parfait modèle,
Trop bête pour être inconstant,
Et trop laid pour être infidèle.
Mais vous serez encor trop belle
Dans dix ans.

Théophile GAUTIER   (1811-1872)

A deux beaux yeux

Vous avez un regard singulier et charmant ;
Comme la lune au fond du lac qui la reflète,
Votre prunelle, où brille une humide paillette,
Au coin de vos doux yeux roule languissamment ;

Ils semblent avoir pris ses feux au diamant ;
Ils sont de plus belle eau qu'une perle parfaite,
Et vos grands cils émus, de leur aile inquiète,
Ne voilent qu'à demi leur vif rayonnement.

Mille petits amours, à leur miroir de flamme,
Se viennent regarder et s'y trouvent plus beaux,
Et les désirs y vont rallumer leurs flambeaux.

Ils sont si transparents, qu'ils laissent voir votre âme,

Comme une fleur céleste au calice idéal
Que l'on apercevrait à travers un cristal.

Louise ACKERMANN   (1813-1890)

L'amour et la mort

(A M. Louis de Ronchaud)

I

Regardez-les passer, ces couples éphémères !
Dans les bras l'un de l'autre enlacés un moment,
Tous, avant de mêler à jamais leurs poussières,
Font le même serment :

Toujours ! Un mot hardi que les cieux qui vieillissent
Avec étonnement entendent prononcer,
Et qu'osent répéter des lèvres qui pâlissent
Et qui vont se glacer.

Vous qui vivez si peu, pourquoi cette promesse
Qu'un élan d'espérance arrache à votre coeur,
Vain défi qu'au néant vous jetez, dans l'ivresse
D'un instant de bonheur ?

Amants, autour de vous une voix inflexible

Crie à tout ce qui naît : "Aime et meurs ici-bas ! "
La mort est implacable et le ciel insensible ;
Vous n'échapperez pas.

Eh bien ! puisqu'il le faut, sans trouble et sans murmure,
Forts de ce même amour dont vous vous enivrez
Et perdus dans le sein de l'immense Nature,
Aimez donc, et mourez !

II

Non, non, tout n'est pas dit, vers la beauté fragile
Quand un charme invincible emporte le désir,
Sous le feu d'un baiser quand notre pauvre argile
A frémi de plaisir.

Notre serment sacré part d'une âme immortelle ;
C'est elle qui s'émeut quand frissonne le corps ;
Nous entendons sa voix et le bruit de son aile
Jusque dans nos transports.

Nous le répétons donc, ce mot qui fait d'envie
Pâlir au firmament les astres radieux,
Ce mot qui joint les coeurs et devient, dès la vie,
Leur lien pour les cieux.

Dans le ravissement d'une éternelle étreinte
Ils passent entraînés, ces couples amoureux,
Et ne s'arrêtent pas pour jeter avec crainte
Un regard autour d'eux.

Ils demeurent sereins quand tout s'écroule et tombe ;
Leur espoir est leur joie et leur appui divin ;
Ils ne trébuchent point lorsque contre une tombe
Leur pied heurte en chemin.

Toi-même, quand tes bois abritent leur délire,
Quand tu couvres de fleurs et d'ombre leurs sentiers,
Nature, toi leur mère, aurais-tu ce sourire
S'ils mouraient tout entiers ?

Sous le voile léger de la beauté mortelle
Trouver l'âme qu'on cherche et qui pour nous éclôt,
Le temps de l'entrevoir, de s'écrier : " C'est Elle ! "
Et la perdre aussitôt,

Et la perdre à jamais ! Cette seule pensée
Change en spectre à nos yeux l'image de l'amour.
Quoi ! ces voeux infinis, cette ardeur insensée
Pour un être d'un jour !

Et toi, serais-tu donc à ce point sans entrailles,
Grand Dieu qui dois d'en haut tout entendre et tout voir,
Que tant d'adieux navrants et tant de funérailles
Ne puissent t'émouvoir,

Qu'à cette tombe obscure où tu nous fais descendre
Tu dises : " Garde-les, leurs cris sont superflus.
Amèrement en vain l'on pleure sur leur cendre ;
Tu ne les rendras plus ! "

Mais non ! Dieu qu'on dit bon, tu permets qu'on espère ;

Unir pour séparer, ce n'est point ton dessein.
Tout ce qui s'est aimé, fût-ce un jour, sur la terre,
Va s'aimer dans ton sein.

III

Eternité de l'homme, illusion ! chimère !
Mensonge de l'amour et de l'orgueil humain !
Il n'a point eu d'hier, ce fantôme éphémère,
Il lui faut un demain !

Pour cet éclair de vie et pour cette étincelle
Qui brûle une minute en vos coeurs étonnés,
Vous oubliez soudain la fange maternelle
Et vos destins bornés.

Vous échapperiez donc, ô rêveurs téméraires
Seuls au Pouvoir fatal qui détruit en créant ?
Quittez un tel espoir ; tous les limons sont frères
En face du néant.

Vous dites à la Nuit qui passe dans ses voiles :
" J'aime, et j'espère voir expirer tes flambeaux. "
La Nuit ne répond rien, mais demain ses étoiles
Luiront sur vos tombeaux.

Vous croyez que l'amour dont l'âpre feu vous presse
A réservé pour vous sa flamme et ses rayons ;
La fleur que vous brisez soupire avec ivresse :
"Nous aussi nous aimons !"

Heureux, vous aspirez la grande âme invisible
Qui remplit tout, les bois, les champs de ses ardeurs ;
La Nature sourit, mais elle est insensible :
Que lui font vos bonheurs ?

Elle n'a qu'un désir, la marâtre immortelle,
C'est d'enfanter toujours, sans fin, sans trêve, encor.
Mère avide, elle a pris l'éternité pour elle,
Et vous laisse la mort.

Toute sa prévoyance est pour ce qui va naître ;
Le reste est confondu dans un suprême oubli.
Vous, vous avez aimé, vous pouvez disparaître :
Son voeu s'est accompli.

Quand un souffle d'amour traverse vos poitrines,
Sur des flots de bonheur vous tenant suspendus,
Aux pieds de la Beauté lorsque des mains divines
Vous jettent éperdus ;

Quand, pressant sur ce coeur qui va bientôt s'éteindre
Un autre objet souffrant, forme vaine ici-bas,
Il vous semble, mortels, que vous allez étreindre
L'Infini dans vos bras ;

Ces délires sacrés, ces désirs sans mesure
Déchaînés dans vos flancs comme d'ardents essaims,
Ces transports, c'est déjà l'Humanité future
Qui s'agite en vos seins.

Elle se dissoudra, cette argile légère

Qu'ont émue un instant la joie et la douleur ;
Les vents vont disperser cette noble poussière
Qui fut jadis un coeur.

Mais d'autres coeurs naîtront qui renoueront la trame
De vos espoirs brisés, de vos amours éteints,
Perpétuant vos pleurs, vos rêves, votre flamme,
Dans les âges lointains.

Tous les êtres, formant une chaîne éternelle,
Se passent, en courant, le flambeau de l'amour.
Chacun rapidement prend la torche immortelle
Et la rend à son tour.

Aveuglés par l'éclat de sa lumière errante,
Vous jurez, dans la nuit où le sort vous plongea,
De la tenir toujours : à votre main mourante
Elle échappe déjà.

Du moins vous aurez vu luire un éclair sublime ;
Il aura sillonné votre vie un moment ;
En tombant vous pourrez emporter dans l'abîme
Votre éblouissement.

Et quand il régnerait au fond du ciel paisible
Un être sans pitié qui contemplât souffrir,
Si son oeil éternel considère, impassible,
Le naître et le mourir,

Sur le bord de la tombe, et sous ce regard même,
Qu'un mouvement d'amour soit encor votre adieu !

Oui, faites voir combien l'homme est grand lorsqu'il aime,
Et pardonnez à Dieu !

Charles-Marie LECONTE DE LISLE (1818-1894)

Aux modernes

Vous vivez lâchement, sans rêve, sans dessein,
Plus vieux, plus décrépits que la terre inféconde,
Châtrés dès le berceau par le siècle assassin
De toute passion vigoureuse et profonde.

Votre cervelle est vide autant que votre sein,
Et vous avez souillé ce misérable monde
D'un sang si corrompu, d'un souffle si malsain,
Que la mort germe seule en cette boue immonde.

Hommes, tueurs de Dieux, les temps ne sont pas loin
Où, sur un grand tas d'or vautrés dans quelque coin,
Ayant rongé le sol nourricier jusqu'aux roches,

Ne sachant faire rien ni des jours ni des nuits,
Noyés dans le néant des suprêmes ennuis,
Vous mourrez bêtement en emplissant vos poches.

Le frais matin dorait

Le frais matin dorait de sa clarté première
La cime des bambous et des gérofliers.
Oh ! les mille chansons des oiseaux familiers
Palpitant dans l'air rose et buvant la lumière !

Comme lui tu brillais, ô ma douce lumière,
Et tu chantais comme eux vers les cieux familiers !
A l'ombre des letchis et des gérofliers,
C'était toi que mon coeur contemplait la première.

Telle, au Jardin céleste, à l'aurore première,
La jeune Ève, sous les divins gérofliers,
Toute pareille encore aux anges familiers,
De ses yeux innocents répandait la lumière.

Harmonie et parfum, charme, grâce, lumière,
Toi vers qui s'envolaient mes songes familiers,
Rayon d'or effleurant les hauts gérofliers,
O lys, qui m'as versé mon ivresse première !

La Vierge aux pâles mains t'a prise la première,
Chère âme ! Et j'ai vécu loin des gérofliers,
Loin des sentiers charmants à tes pas familiers,
Et loin du ciel natal où fleurit ta lumière.

Des siècles ont passé, dans l'ombre ou la lumière,
Et je revois toujours mes astres familiers,
Les beaux yeux qu'autrefois, sous nos gérofliers,
Le frais matin dorait de sa clarté première !

Charles BAUDELAIRE   (1821-1867)

L'horloge

Horloge ! dieu sinistre, effrayant, impassible,
Dont le doigt nous menace et nous dit : " Souviens-toi !
Les vibrantes Douleurs dans ton coeur plein d'effroi
Se planteront bientôt comme dans une cible,

Le plaisir vaporeux fuira vers l'horizon
Ainsi qu'une sylphide au fond de la coulisse ;
Chaque instant te dévore un morceau du délice
A chaque homme accordé pour toute sa saison.

Trois mille six cents fois par heure, la Seconde
Chuchote : Souviens-toi ! - Rapide, avec sa voix
D'insecte, Maintenant dit : Je suis Autrefois,
Et j'ai pompé ta vie avec ma trompe immonde !

Remember ! Souviens-toi, prodigue ! *Esto memor* !
(Mon gosier de métal parle toutes les langues.)
Les minutes, mortel folâtre, sont des gangues
Qu'il ne faut pas lâcher sans en extraire l'or !

Souviens-toi que le Temps est un joueur avide
Qui gagne sans tricher, à tout coup ! c'est la loi.
Le jour décroît ; la nuit augmente, souviens-toi !
Le gouffre a toujours soif ; la clepsydre se vide.

Tantôt sonnera l'heure où le divin Hasard,
Où l'auguste Vertu, ton épouse encor vierge,
Où le repentir même (oh ! la dernière auberge !),
Où tout te dira : Meurs, vieux lâche ! il est trop tard ! "

Obsession

Grands bois, vous m'effrayez comme des cathédrales ;
Vous hurlez comme l'orgue ; et dans nos coeurs maudits,
Chambres d'éternel deuil où vibrent de vieux râles,
Répondent les échos de vos De profundis.

Je te hais, Océan ! tes bonds et tes tumultes,
Mon esprit les retrouve en lui ; ce rire amer
De l'homme vaincu, plein de sanglots et d'insultes,
Je l'entends dans le rire énorme de la mer.

Comme tu me plairais, ô nuit ! sans ces étoiles
Dont la lumière parle un langage connu !
Car je cherche le vide, et le noir et le nu !

Mais les ténèbres sont elles-mêmes des toiles
Où vivent, jaillissant de mon oeil par milliers,
Des êtres disparus aux regards familiers.

A celle qui est trop gaie

Ta tête, ton geste, ton air
Sont beaux comme un beau paysage ;

Le rire joue en ton visage
Comme un vent frais dans un ciel clair.

Le passant chagrin que tu frôles
Est ébloui par la santé
Qui jaillit comme une clarté
De tes bras et de tes épaules.

Les retentissantes couleurs
Dont tu parsèmes tes toilettes
Jettent dans l'esprit des poètes
L'image d'un ballet de fleurs.

Ces robes folles sont l'emblème
De ton esprit bariolé ;
Folle dont je suis affolé,
Je te hais autant que je t'aime !

Quelquefois dans un beau jardin
Où je traînais mon atonie,
J'ai senti, comme une ironie,
Le soleil déchirer mon sein ;

Et le printemps et la verdure
Ont tant humilié mon coeur,
Que j'ai puni sur une fleur
L'insolence de la Nature.

Ainsi je voudrais, une nuit,
Quand l'heure des voluptés sonne,
Vers les trésors de ta personne,

Comme un lâche, ramper sans bruit,

Pour châtier ta chair joyeuse,
Pour meurtrir ton sein pardonné,
Et faire à ton flanc étonné
Une blessure large et creuse,

Et, vertigineuse douceur !
A travers ces lèvres nouvelles,
Plus éclatantes et plus belles,
T'infuser mon venin, ma soeur !

Louis MÉNARD   (1822-1901)

La sirène

La vie appelle à soi la foule haletante
Des germes animés ; sous le clair firmament
Ils se pressent, et tous boivent avidement
À la coupe magique où le désir fermente.

Ils savent que l'ivresse est courte ; à tout moment
Retentissent des cris d'horreur et d'épouvante,
Mais la molle sirène, à la voix caressante,
Les attire comme un irrésistible aimant.

Puisqu'ils ont soif de vivre, ils ont leur raison d'être :

Qu'ils se baignent, joyeux, dans le rayon vermeil
Que leur dispense à tous l'impartial soleil ;

Mais moi, je ne sais pas pourquoi j'ai voulu naître ;
J'ai mal fait, je me suis trompé, je devrais bien
M'en aller de ce monde où je n'espère rien.

Théodore de BANVILLE   (1823-1891)

Ariane

Dans Naxos, où les fleurs ouvrent leurs grands calices
Et que la douce mer baise avec des sanglots,
Dans l'île fortunée, enchantement des flots,
Le divin Iacchos apporte ses délices.

Entouré des lions, des panthères, des lices,
Le Dieu songe, les yeux voilés et demi-clos ;
Les Thyades au loin charment les verts îlots
Et de ses raisins noirs ornent leurs cheveux lisses.

Assise sur un tigre amené d'Orient,
Ariane triomphe, indolente, et riant
Aux lieux même où pleura son amour méprisée.

Elle va, nue et folle et les cheveux épars,

Et, songeant comme en rêve à son vainqueur Thésée,
Admire la douceur des fauves léopards.

Jules VERNE (1828-1905)

Le génie

Sonnet

Comme un pur stalactite, oeuvre de la nature,
Le génie incompris apparaît à nos yeux.
Il est là, dans l'endroit où l'ont placé les Cieux,
Et d'eux seuls, il reçoit sa vie et sa structure.

Jamais la main de l'homme assez audacieuse
Ne le pourra créer, car son essence est pure,
Et le Dieu tout-puissant le fit à sa figure ;
Le mortel pauvre et laid, pourrait-il faire mieux ?

Il ne se taille pas, ce diamant byzarre,
Et de quelques couleurs dont l'azur le chamarre,
Qu'il reste tel qu'il est, que le fit l'éternel !

Si l'on veut corriger le brillant stalactite,
Ce n'est plus aussitôt qu'un caillou sans mérite,
Qui ne réfléchit plus les étoiles du ciel.

Stéphane MALLARMÉ (1842-1898)

Le sonneur

Cependant que la cloche éveille sa voix claire
A l'air pur et limpide et profond du matin
Et passe sur l'enfant qui jette pour lui plaire
Un angelus parmi la lavande et le thym,

Le sonneur effleuré par l'oiseau qu'il éclaire,
Chevauchant tristement en geignant du latin
Sur la pierre qui tend la corde séculaire,
N'entend descendre à lui qu'un tintement lointain.

Je suis cet homme. Hélas ! de la nuit désireuse,
J'ai beau tirer le câble à sonner l'Idéal,
De froids péchés s'ébat un plumage féal,

Et la voix ne me vient que par bribes et creuse !
Mais, un jour, fatigué d'avoir enfin tiré,
Ô Satan, j'ôterai la pierre et me pendrai.

José-Maria de HEREDIA (1842-1905)

Fleurs de feu

Bien des siècles depuis les siècles du Chaos,
La flamme par torrents jaillit de ce cratère,
Et le panache igné du volcan solitaire
Flamba plus haut encor que les Chimborazos.

Nul bruit n'éveille plus la cime sans échos.
Où la cendre pleuvait l'oiseau se désaltère ;
Le sol est immobile et le sang de la Terre,
La lave, en se figeant, lui laissa le repos.

Pourtant, suprême effort de l'antique incendie,
A l'orle de la gueule à jamais refroidie,
Éclatant à travers les rocs pulvérisés,

Comme un coup de tonnerre au milieu du silence,
Dans le poudroîment d'or du pollen qu'elle lance
S'épanouit la fleur des cactus embrasés.

Anatole FRANCE (1844-1924)

Les arbres

Ô vous qui, dans la paix et la grâce fleuris,
Animez et les champs et vos forêts natales,
Enfants silencieux des races végétales,
Beaux arbres, de rosée et de soleil nourris,

La Volupté par qui toute race animée
Est conçue et se dresse à la clarté du jour,
La mère aux flancs divins de qui sortit l'Amour,
Exhale aussi sur vous son haleine embaumée.

Fils des fleurs, vous naissez comme nous du Désir,
Et le Désir, aux jours sacrés des fleurs écloses,
Sait rassembler votre âme éparse dans les choses,
Votre âme qui se cherche et ne se peut saisir.

Et, tout enveloppés dans la sourde matière
Au limon paternel retenus par les pieds,
Vers la vie aspirant, vous la multipliez,
Sans achever de naître en votre vie entière.

Paul VERLAINE (1844-1896)

Que ton âme soit blanche ou noire

Que ton âme soit blanche ou noire,
Que fait ? Ta peau de jeune ivoire
Est rose et blanche et jaune un peu.
Elle sent bon, ta chair, perverse
Ou non, que fait ? puisqu'elle berce
La mienne de chair, nom de Dieu !

Elle la berce, ma chair folle,
Ta folle de chair, ma parole
La plus sacrée ! - et que donc bien !
Et la mienne, grâce à la tienne,
Quelque réserve qui la tienne,
Elle s'en donne, nom d'un chien !

Quant à nos âmes, dis, Madame,
Tu sais, mon âme et puis ton âme,
Nous en moquons-nous ? Que non pas !
Seulement nous sommes au monde.
Ici-bas, sur la terre ronde,
Et non au ciel, mais ici-bas.

Or, ici-bas, faut qu'on profite
Du plaisir qui passe si vite
Et du bonheur de se pâmer.
Aimons, ma petite méchante,

Telle l'eau va, tel l'oiseau chante,
Et tels, nous ne devons qu'aimer.

Joris-Karl HUYSMANS (1848-1907)

Rococo japonais

Ô toi dont l'oeil est noir, les tresses noires, les chairs blondes, écoute-moi, ô ma folâtre louve !

J'aime tes yeux fantasques, tes yeux qui se retroussent sur les tempes ; j'aime ta bouche rouge comme une baie de sorbier, tes joues rondes et jaunes ; j'aime tes pieds tors, ta gorge roide, tes grands ongles lancéolés, brillants comme
des valves de nacre.

J'aime, ô mignarde louve, ton énervant nonchaloir, ton sourire alangui, ton attitude indolente, tes gestes mièvres.

J'aime, ô louve câline, les miaulements de ta voix, j'aime ses tons ululants et rauques, mais j'aime par-dessus tout,
j'aime à en mourir, ton nez, ton petit nez qui s'échappe

des vagues de ta chevelure, comme une rose jaune éclose
d'ans un feuillage noir.

Guy de MAUPASSANT   (1850-1893)

Nuit de neige

La grande plaine est blanche, immobile et sans voix.
Pas un bruit, pas un son ; toute vie est éteinte.
Mais on entend parfois, comme une morne plainte,
Quelque chien sans abri qui hurle au coin d'un bois.

Plus de chansons dans l'air, sous nos pieds plus de chaumes.
L'hiver s'est abattu sur toute floraison ;
Des arbres dépouillés dressent à l'horizon
Leurs squelettes blanchis ainsi que des fantômes.

La lune est large et pâle et semble se hâter.
On dirait qu'elle a froid dans le grand ciel austère.
De son morne regard elle parcourt la terre,
Et, voyant tout désert, s'empresse à nous quitter.

Et froids tombent sur nous les rayons qu'elle darde,
Fantastiques lueurs qu'elle s'en va semant ;
Et la neige s'éclaire au loin, sinistrement,

Aux étranges reflets de la clarté blafarde.

Oh ! la terrible nuit pour les petits oiseaux !
Un vent glacé frissonne et court par les allées ;
Eux, n'ayant plus l'asile ombragé des berceaux,
Ne peuvent pas dormir sur leurs pattes gelées.

Dans les grands arbres nus que couvre le verglas
Ils sont là, tout tremblants, sans rien qui les protège ;
De leur oeil inquiet ils regardent la neige,
Attendant jusqu'au jour la nuit qui ne vient pas.

Arthur RIMBAUD (1854-1891)

Le bateau ivre

Comme je descendais des Fleuves impassibles,
Je ne me sentis plus guidé par les haleurs :
Des Peaux-Rouges criards les avaient pris pour cibles,
Les ayant cloués nus aux poteaux de couleurs.

J'étais insoucieux de tous les équipages,
Porteur de blés flamands ou de cotons anglais.
Quand avec mes haleurs ont fini ces tapages,
Les Fleuves m'ont laissé descendre où je voulais.

Dans les clapotements furieux des marées,

Moi, l'autre hiver, plus sourd que les cerveaux d'enfants,
Je courus ! Et les Péninsules démarrées
N'ont pas subi tohu-bohus plus triomphants.

La tempête a béni mes éveils maritimes.
Plus léger qu'un bouchon j'ai dansé sur les flots
Qu'on appelle rouleurs éternels de victimes,
Dix nuits, sans regretter l'oeil niais des falots !

Plus douce qu'aux enfants la chair des pommes sûres,
L'eau verte pénétra ma coque de sapin
Et des taches de vins bleus et des vomissures
Me lava, dispersant gouvernail et grappin.

Et dès lors, je me suis baigné dans le Poème
De la Mer, infusé d'astres, et lactescent,
Dévorant les azurs verts ; où, flottaison blême
Et ravie, un noyé pensif parfois descend ;

Où, teignant tout à coup les bleuités, délires
Et rhythmes lents sous les rutilements du jour,
Plus fortes que l'alcool, plus vastes que nos lyres,
Fermentent les rousseurs amères de l'amour !

Je sais les cieux crevant en éclairs, et les trombes
Et les ressacs et les courants : je sais le soir,
L'Aube exaltée ainsi qu'un peuple de colombes,
Et j'ai vu quelquefois ce que l'homme a cru voir !

J'ai vu le soleil bas, taché d'horreurs mystiques,
Illuminant de longs figements violets,

Pareils à des acteurs de drames très antiques
Les flots roulant au loin leurs frissons de volets !

J'ai rêvé la nuit verte aux neiges éblouies,
Baiser montant aux yeux des mers avec lenteurs,
La circulation des sèves inouïes,
Et l'éveil jaune et bleu des phosphores chanteurs !

J'ai suivi, des mois pleins, pareille aux vacheries
Hystériques, la houle à l'assaut des récifs,
Sans songer que les pieds lumineux des Maries
Pussent forcer le mufle aux Océans poussifs !

J'ai heurté, savez-vous, d'incroyables Florides
Mêlant aux fleurs des yeux de panthères à peaux
D'hommes ! Des arcs-en-ciel tendus comme des brides
Sous l'horizon des mers, à de glauques troupeaux !

J'ai vu fermenter les marais énormes, nasses
Où pourrit dans les joncs tout un Léviathan !
Des écroulements d'eaux au milieu des bonaces,
Et les lointains vers les gouffres cataractant !

Glaciers, soleils d'argent, flots nacreux, cieux de braises !
Échouages hideux au fond des golfes bruns
Où les serpents géants dévorés des punaises
Choient, des arbres tordus, avec de noirs parfums !

J'aurais voulu montrer aux enfants ces dorades
Du flot bleu, ces poissons d'or, ces poissons chantants.
- Des écumes de fleurs ont bercé mes dérades

Et d'ineffables vents m'ont ailé par instants.

Parfois, martyr lassé des pôles et des zones,
La mer dont le sanglot faisait mon roulis doux
Montait vers moi ses fleurs d'ombre aux ventouses jaunes
Et je restais, ainsi qu'une femme à genoux...

Presque île, ballottant sur mes bords les querelles
Et les fientes d'oiseaux clabaudeurs aux yeux blonds.
Et je voguais, lorsqu'à travers mes liens frêles
Des noyés descendaient dormir, à reculons !

Or moi, bateau perdu sous les cheveux des anses,
Jeté par l'ouragan dans l'éther sans oiseau,
Moi dont les Monitors et les voiliers des Hanses
N'auraient pas repêché la carcasse ivre d'eau ;

Libre, fumant, monté de brumes violettes,
Moi qui trouais le ciel rougeoyant comme un mur
Qui porte, confiture exquise aux bons poètes,
Des lichens de soleil et des morves d'azur ;

Qui courais, taché de lunules électriques,
Planche folle, escorté des hippocampes noirs,
Quand les juillets faisaient crouler à coups de triques
Les cieux ultramarins aux ardents entonnoirs ;

Moi qui tremblais, sentant geindre à cinquante lieues
Le rut des Béhémots et les Maelstroms épais,
Fileur éternel des immobilités bleues,

Je regrette l'Europe aux anciens parapets !

J'ai vu des archipels sidéraux ! et des îles
Dont les cieux délirants sont ouverts au vogueur :
- Est-ce en ces nuits sans fonds que tu dors et t'exiles,
Million d'oiseaux d'or, ô future Vigueur ?

Mais, vrai, j'ai trop pleuré ! Les Aubes sont navrantes.
Toute lune est atroce et tout soleil amer :
L'âcre amour m'a gonflé de torpeurs enivrantes.
Ô que ma quille éclate ! Ô que j'aille à la mer !

Si je désire une eau d'Europe, c'est la flache
Noire et froide où vers le crépuscule embaumé
Un enfant accroupi plein de tristesse, lâche
Un bateau frêle comme un papillon de mai.

Je ne puis plus, baigné de vos langueurs, ô lames,
Enlever leur sillage aux porteurs de cotons,
Ni traverser l'orgueil des drapeaux et des flammes,
Ni nager sous les yeux horribles des pontons.

Auguste DORCHAIN   (1857-1930)

Les étoiles éteintes

... A l'heure où sur la mer le soir silencieux
Efface les lointaines voiles,
Où, lente, se déploie, en marche dans les cieux,
L'armée immense des étoiles,

Ne songes-tu jamais que ce clair firmament,
Comme la mer a ses désastres ?
Que, vaisseaux envahis par l'ombre, à tout moment
Naufragent et meurent des astres ?

Edmond ROSTAND   (1868-1918)

Hymne au soleil

Je t'adore, Soleil ! ô toi dont la lumière,
Pour bénir chaque front et mûrir chaque miel,
Entrant dans chaque fleur et dans chaque chaumière,
Se divise et demeure entière
Ainsi que l'amour maternel !

Je te chante, et tu peux m'accepter pour ton prêtre,
Toi qui viens dans la cuve où trempe un savon bleu
Et qui choisis, souvent, quand tu veux disparaître,
L'humble vitre d'une fenêtre
Pour lancer ton dernier adieu !

Tu fais tourner les tournesols du presbytère,
Luire le frère d'or que j'ai sur le clocher,
Et quand, par les tilleuls, tu viens avec mystère,
Tu fais bouger des ronds par terre
Si beaux qu'on n'ose plus marcher !

Gloire à toi sur les prés! Gloire à toi dans les vignes !
Sois béni parmi l'herbe et contre les portails !
Dans les yeux des lézards et sur l'aile des cygnes !
Ô toi qui fais les grandes lignes
Et qui fais les petits détails!

C'est toi qui, découpant la soeur jumelle et sombre
Qui se couche et s'allonge au pied de ce qui luit,
De tout ce qui nous charme as su doubler le nombre,
A chaque objet donnant une ombre
Souvent plus charmante que lui !

Je t'adore, Soleil ! Tu mets dans l'air des roses,
Des flammes dans la source, un dieu dans le buisson !
Tu prends un arbre obscur et tu l'apothéoses !
Ô Soleil ! toi sans qui les choses
Ne seraient que ce qu'elles sont !

1900-2000

Pierre LOUŸS   (1870-1925)

Et je m'étais fait une vie

Et je m'étais fait une vie
Si digne d'amour ou d'envie,
Une vie à décourager
Tout coeur qui lutte ou dissimule,
Tout adversaire ou tout émule,
Cerveau pensif ou coeur léger.

Maintenant ma vie est en cendres.
Ses trois merveilles les plus tendres
Ont flambé comme plume au feu
Et ma dernière destinée
Était morte avant d'être née,
Hélas ! faute d'avoir un dieu !

Funérailles

Plus pur que l'air nocturne où l'or bleu s'éblouit
Plus pur que le désir suscité par les astres

Un coeur de marbre qu'un lent souffle épanouit
Éclôt d'une colonne où l'or des astres luit.
Fleur ! ô les coeurs d'acanthe aux cous blancs des pilastres !

Les souvenirs de l'être et du jour et du bruit
Se perdent, vieux voiles oubliés par leur âme.
Le coeur, rose de glace aux doigts d'Elle, réclame
Le crêpe en lourds flots noirs des longs deuils de la nuit.

Il se meurt d'une envie éternelle et tranquille.
Sa vision descend dans l'hiver immobile,
Descend, neige et l'ensevelit de lins ailés.

Extase qui revient des étoiles heureuses
Suivre dans les déserts vers les lieux révélés
Le silence mortel mené par les pleureuses.

Marcel PROUST (1871-1922)

Je contemple souvent le ciel de ma mémoire

Le temps efface tout comme effacent les vagues
Les travaux des enfants sur le sable aplani
Nous oublierons ces mots si précis et si vagues
Derrière qui chacun nous sentions l'infini.

Le temps efface tout il n'éteint pas les yeux
Qu'ils soient d'opale ou d'étoile ou d'eau claire
Beaux comme dans le ciel ou chez un lapidaire
Ils brûleront pour nous d'un feu triste ou joyeux.

Les uns joyaux volés de leur écrin vivant
Jetteront dans mon coeur leurs durs reflets de pierre
Comme au jour où sertis, scellés dans la paupière
Ils luisaient d'un éclat précieux et décevant.

D'autres doux feux ravis encor par Prométhée
Étincelle d'amour qui brillait dans leurs yeux
Pour notre cher tourment nous l'avons emportée
Clartés trop pures ou bijoux trop précieux.

Constellez à jamais le ciel de ma mémoire
Inextinguibles yeux de celles que j'aimai
Rêvez comme des morts, luisez comme des gloires
Mon coeur sera brillant comme une nuit de Mai.

L'oubli comme une brume efface les visages
Les gestes adorés au divin autrefois,
Par qui nous fûmes fous, par qui nous fûmes sages
Charmes d'égarement et symboles de foi.

Le temps efface tout l'intimité des soirs
Mes deux mains dans son cou vierge comme la neige
Ses regards caressants mes nerfs comme un arpège
Le printemps secouant sur nous ses encensoirs.

D'autres, les yeux pourtant d'une joyeuse femme,
Ainsi que des chagrins étaient vastes et noirs
Épouvante des nuits et mystère des soirs
Entre ces cils charmants tenait toute son âme

Et son coeur était vain comme un regard joyeux.
D'autres comme la mer si changeante et si douce
Nous égaraient vers l'âme enfouie en ses yeux
Comme en ces soirs marins où l'inconnu nous pousse.

Mer des yeux sur tes eaux claires nous naviguâmes
Le désir gonflait nos voiles si rapiécées
Nous partions oublieux des tempêtes passées
Sur les regards à la découverte des âmes.

Tant de regards divers, les âmes si pareilles
Vieux prisonniers des yeux nous sommes bien déçus
Nous aurions dû rester à dormir sous la treille
Mais vous seriez parti même eussiez-vous tout su

Pour avoir dans le coeur ces yeux pleins de promesses

Comme une mer le soir rêveuse de soleil
Vous avez accompli d'inutiles prouesses
Pour atteindre au pays de rêve qui, vermeil,

Se lamentait d'extase au-delà des eaux vraies
Sous l'arche sainte d'un nuage cru prophète
Mais il est doux d'avoir pour un rêve ces plaies
Et votre souvenir brille comme une fête.

Paul VALÉRY (1871-1945)

Les pas

Tes pas, enfants de mon silence,
Saintement, lentement placés,
Vers le lit de ma vigilance
Procèdent muets et glacés.

Personne pure, ombre divine,
Qu'ils sont doux, tes pas retenus !
Dieux !... tous les dons que je devine
Viennent à moi sur ces pieds nus !

Si, de tes lèvres avancées,
Tu prépares pour l'apaiser,
A l'habitant de mes pensées
La nourriture d'un baiser,

Ne hâte pas cet acte tendre,
Douceur d'être et de n'être pas,
Car j'ai vécu de vous attendre,
Et mon coeur n'était que vos pas.

Charles PÉGUY (1873-1914)

Ève

Coeur qui a tant rêvé,

O coeur charnel,

O Coeur inachevé,

Coeur éternel.

Coeur qui a tant battu,

D´amour, d´espoir,

O Coeur trouveras-tu

La paix du soir?

Anna de NOAILLES (1876-1933)

Le baiser

Couples fervents et doux, ô troupe printanière !
Aimez au gré des jours.
- Tout, l'ombre, la chanson, le parfum, la lumière
Noue et dénoue l'amour.

Épuisez, cependant que vous êtes fidèles,
La chaude déraison,
Vous ne garderez pas vos amours éternelles
Jusqu'à l'autre saison.

Le vent qui vient mêler ou disjoindre les branches
A de moins brusques bonds
Que le désir qui fait que les êtres se penchent
L'un vers l'autre et s'en vont.

Les frôlements légers des eaux et de la terre,
Les blés qui vont mûrir,
La douleur et la mort sont moins involontaires
Que le choix du désir.

Joyeux ; dans les jardins où l'été vert s'étale
Vous passez en riant,
Mais les doigts enlacés, ainsi que des pétales,
Iront se défeuillant.

Les yeux dont les regards dansent comme une abeille
Et tissent des rayons,
Ne se transmettront plus, d'une ferveur pareille,
Le miel et l'aiguillon,

Les coeurs ne prendront plus, comme deux tourterelles,
L'harmonieux essor,
Vos âmes, âprement, vont s'apaiser entre elles,
C'est l'amour et la mort...

Vous êtes mort un soir

Vous êtes mort un soir à l'heure où le jour cesse.
Ce fut soudain. La douce et terrible paresse
En vous envahissant ne vous a pas vaincu.
Rien ne vous a prédit la torpeur et la tombe.
Vous eûtes le sommeil. Moi, je peine et je tombe,
Et la plus morte mort est d'avoir survécu.

Guillaume APOLLINAIRE (1880-1918)

L´Adieu du cavalier

Ah Dieu! que la guerre est jolie
Avec ses chants ses longs loisirs
Cette bague je l'ai polie

Le vent se mêle à vos soupirs

Adieu! voici le boute-selle
Il disparut dans un tournant
Et mourut là-bas tandis qu'elle
Riait au destin surprenant.

Alcools

Le pré est vénéneux mais joli en automne

Les vaches y puissant

Lentement s'empoisonnent

Le colchique couleur de cerne et des lilas

Y fleurit tes yeux sont comme cette fleur-là

Violâtre comme leur cerne et comme cet automne

Et ma vie pour tes yeux lentement s'empoisonne

Blaise CENDRARS (1887-1961)

Tu es plus belle que le ciel et la mer

Quand tu aimes il faut partir
Quitte ta femme quitte ton enfant
Quitte ton ami quitte ton amie
Quitte ton amante quitte ton amant
Quand tu aimes il faut partir

Le monde est plein de nègres et de négresses
Des femmes des hommes des hommes des femmes
Regarde les beaux magasins
Ce fiacre cet homme cette femme ce fiacre
Et toutes les belles marchandises

Il y a l'air il y a le vent
Les montagnes l'eau le ciel la terre
Les enfants les animaux
Les plantes et le charbon de terre

Apprends à vendre à acheter à revendre
Donne prends donne prends

Quand tu aimes il faut savoir
Chanter courir manger boire
Siffler
Et apprendre à travailler

Quand tu aimes il faut partir
Ne larmoie pas en souriant
Ne te niche pas entre deux seins
Respire marche pars va-t'en

Je prends mon bain et je regarde
Je vois la bouche que je connais
La main la jambe l'œil
Je prends mon bain et je regarde

Le monde entier est toujours là
La vie pleine de choses surprenantes
Je sors de la pharmacie
Je descends juste de la bascule
Je pèse mes 80 kilos
Je t'aime

Couchers de soleil

Tout le monde parle des couchers de soleil
Tous les voyageurs sont d'accord pour parler des couchers de soleil dans les parages
Il y a plein de bouquins où l'on ne décrit que les couchers
de soleil
Les couchers de soleil des tropiques
Oui c'est vrai c'est splendide
Mais je préfère de beaucoup les levers de soleil

L'aube
Je n'en rate pas une
Je suis toujours sur le pont
A poils
Et je suis toujours le seul à les admirer
Mais je ne vais pas décrire les aubes
Je vais les garder pour moi seul

Jules SUPERVIELLE (1884-1960)

Gravitations

Un enfant de l´éternité

Cher aux solitudes célestes

Plein d´écume et de vérité

Dans ce village sans tombeaux,

Sans ramages ni pâturages

Donnant de tous côtés sur l´eau,

Village oè l´âme faisait rage.

Jean COCTEAU (1889-1963)

Ne réveillez pas Dieu

Ne réveillez pas Dieu, il dort
Profondément, c'est moi son rêve …
Le réveiller serait ma mort.

Paul ÉLUARD (1895-1952)

Le Musée Grévin

Je vous salue, ma France arrachée aux fantômes

O rendue à la Paix Vaisseau sauvé des eaux

Pays qui chante Orléans Beaugency Vendôme

Cloches cloches sonnez l'angélus des oiseaux.

Je vous salue ma France aux yeux de tourterelle
Jamais trop mon tourment mon amour jamais trop
Ma France mon ancienne et nouvelle querelle
Sol semé des héros ciel plein de passereaux.

L´Amour, la poésie

La Terre est bleue comme une orange
Jamais une erreur les mots ne mentent pas
Ils ne vous donnent plus à chanter
Autour des baisers de s´entendre
Les fous et les amours
Elle a sa bouche d´alliance
Tous les secrets tous les sourires
Et quels vêtements d´indulgence
A la croire toute nue

Pierre EMMANUEL (1916-1984)

Èvangéliaire

Pourquoi fuir L'immensité
Coincide avec le centre
Quand l'esprit a tout quitté
Le coeur s'ouvre tout y rentre

Coeur ciboire du soleil
Calice du Dieu vermeil

Postface

Homme, libre penseur ! te crois-tu seul pensant
Dans ce monde où la vie éclate en toute chose ?
Des forces que tu tiens ta liberté dispose,
Mais de tous tes conseils l'univers est absent.

Respecte dans la bête un esprit agissant :
Chaque fleur est une âme à la Nature éclose ;
Un mystère d'amour dans le métal repose ;
« Tout est sensible ! »;' Et tout sur ton être est puissant.

Crains, dans le mur aveugle, un regard qui t'épie :
À la matière même un verbe est attaché ...
Ne la fais pas servir à quelque usage impie !

Souvent dans l'être obscur habite un Dieu caché ;
Et, comme un œil naissant couvert par ses paupières,
Un pur esprit s'accroît sous l'écorce des pierres !

Gérard de Nerval, « Vers dorés » (« Les Chimères »,
Gallimard, 1993)

« Qu'est-ce que la poésie ? ». Cette question si souvent posée peut être reformulée en une autre question « Qui sont les poètes ? ». En France, il y avait des rois et des reines qui écrivaient des poèmes, comme François le 1er, Charles d'Orléans ou Marguerite de Navarre. La poésie a ses vagabonds et ses outsiders, dont François Villon et Paul Verlaine, par exemple. Peu nombreuses sont les nations qui peuvent se targuer, comme la France tout au long de son histoire, d'avoir des femmes artistes, écrivains et poètes pleines d'esprit : Marie de France, Madeleine de Scudéry et George Sand, Anna de Noailles, Lucy Delarue-Mardrus, Cécile Sauvage ou Louise de Villmorin.

« Le poète français est une chimère composé des nombreuses contradictions, indéfini et démoniaque » comme Platon dit de l'amour qui est « un démon, ni homme ni Dieu, ni sage ni bête, ni riche, ni pauvre ».[1]

Éditer un livre de poésie française, c'est recueillir les empreintes littéraires des hommes et femmes artistes

---

[1] Plato, *Symposion*, 178c-180b

très différents les uns des autres, en un aperçu général capable de fasciner le lecteur d'aujourd'hui.

Bien sûr, une nouvelle édition, sur un sujet aussi souvent traité qu'est la poésie française, doit apporter quelque chose de nouveau. Les philologues peuvent objecter qu'il existe déjà de nombreuses éditions émérites de la poésie française, difficiles à surpasser. Même si, une nouvelle collection d'art n'est pas indispensable utilitairement parlant, elle est sollicitée plutôt au sens figuratif car elle contribue aux aspirations humaines les plus nobles.

L'art ne possède pas de dimension utilitaire, mais il est un vrai *sine qua non* de la condition humaine, et pour cela, la multiplicité de ses approches est un plus. « *Les Cent-et-un meilleurs poèmes de la langue française* » ne feront peut-être pas l'unanimité ou ne sont pas les plus beaux dans l'absolu (bien qu'ils contiennent des vers classiques côtés par les experts), mais ils peuvent donner une idée de la richesse d'esprit de la France et de sa « tradition de la révolte ».[2]

Ce qui s'ajoute à l'édition d'Auguste Dorchain est le regard d'un contemporain qui sait très bien que la question de l'art se pose différemment à l'heure actuelle. Aujourd'hui, c'est l'âge de la reproduction technique d'art dont Walter Benjamin parlait déjà en 1918 ("Das Kunstwerk").

Quand Auguste Dorchain finissait sa grande œuvre éditoriale « *Les cent meilleurs poèmes de la langue française* » en 1905, devenu un succès international jusqu'à ce jour, personne en Europe ne pouvait imaginer jusqu'à quel point le monde allait changer diamétralement dans le domaine de la philosophie, de la politique, de la sociologie et des arts.

---

[2] Jean-Robert Nguema Nnang, *La poésie francaise du XXe siècle. De 1900 à Mai 1968*, Paris 2012, p.64

Deux guerres mondiales avec leurs crimes ont détruit le grand héritage de l'humanisme, du christianisme naïf croyant aux bons humains charitables, pratiquant l'art bénévolement. Malgré autant de destructions, de nombreux auteurs français et d'expression française ont renouvelé l'art des mots, tels Charles Péguy, Edmond Rostand, Paul Valéry, Jean Cocteau, Blaise Cendrars, Guillaume Apollinaire, Georges Brassens et beaucoup d'autres.

La présente édition ajoute au livre d'Auguste Dorchain, de nouveaux auteurs qui « chantent » hors des cadres formels et qui font preuve d'une maîtrise exceptionnelle de la langue française comme tous les poètes anciens. L'absence des poètes dadaïstes, comme par exemple Tristan Tzara, peut surprendre mais dans la mesure où leurs œuvres manquent de prosodie musicale, ils ne font pas partie de cette lignée de l'art du langage où les contraintes ont un sens profond dont témoigne toute la tradition poétique ici présentée.

L'esprit artistique évolue, se transforme, mais qu'il y a des traits qui restent constants à travers les siècles. La religion chrétienne, l'éloge du sacré ou sa critique, l'amour de toute manifestation de la beauté, la juxtaposition de la vie et de le mort sont une thématique récurrente, donnant de la stabilité et une constance étonnante pendant les siècles, alliant des poètes si différents les uns des autres, comme Arouet et Lamartine, Malherbe et Cendrars.

La poésie française, c'est un voyage imaginaire, enrichi des réflexions dignes des plus grands philosophes. La tradition existe et elle mérite d'être transmise aux générations futures. « *Les Cent-et-un meilleurs poèmes de la langue française* » est une édition qui s'arrête au XXème siècle, car le XXIème siècle est encore trop récent pour savoir exactement quels poèmes rejoindront la grande lignée de la tradition ; espérons que ce n'est pas une édition dernière.

Personne ne peut faire une édition exhaustive, l'éditeur devient humble à force de continuellement poursuivre sa recherche. Le proverbe romain « *Ars longa vita brevis* » ne perd rien de son actualité psychologique à travers les siècles. La longévité d'une œuvre d'art survit à notre vie humaine qui n'est plus qu'un moment. L'art va se renouveler demain et trouver sans doute de nouvelles expressions et de nouveaux moyens de ses expressions ; et nous mortels, ou bien nos enfants, en seront témoins et acteurs, essayant de faire des collections éternelles, feront comme nous, des collections temporaires, comme temporaire est notre vie. Nous espérons que les générations futures le continueront.

Claudia Simone Dorchain, janvier 2016